Baby und Solo

In Einfacher Sprache

Spaß am Lesen Verlag
www.einfachebuecher.de

Diese Ausgabe ist eine Bearbeitung des Buchs *Baby & Solo* von Lisabeth Posthuma, übersetzt aus dem Englischen von Sophie Zeitz.
Deutsche Originalausgabe:

Text Originalfassung: Lisabeth Posthuma
Aus dem Englischen von: Sophie Zeitz
Bearbeitung in Einfacher Sprache: Ana Pawlik

ISBN 978-3-910531-19-2

Lisabeth Posthuma

Baby und Solo

In Einfacher Sprache

Diese Geschichte wird von dem 17-jährigen Joel erzählt. Die meisten Kapitel spielen zu der Zeit, als Joel in einer Videothek arbeitet.
Manche Kapitel spielen aber einige Jahre vorher. Diese Kapitel erkennt man an der zusätzlichen Überschrift: „Vor einigen Jahren".

Schwierige Wörter oder Ausdrücke sind unterstrichen. Die Erklärungen stehen in der Wörterliste am Ende des Buches.

Inhalt

Mein neues Leben

Mein Name ist Joel Teague. Ich bin siebzehn Jahre alt und lebe in den USA. Vor mehreren Jahren ist in meiner Familie etwas sehr Schlimmes geschehen. Etwas so Schlimmes, dass ich davon eine heftige Macke bekommen habe. Deshalb musste ich in die Psychiatrie. Dort wurde ich in den letzten Jahren immer wieder behandelt.

Doch jetzt findet mein Therapeut: Ich bin so weit. Es hat seit fast zwei Jahren keinen Vorfall mehr gegeben. Es ist Zeit, dass ich das Leben ausprobiere.

Ich soll etwas ganz Normales machen. Etwas, wo ich mit anderen Jugendlichen zusammenkomme. Ich soll mir einen Job suchen. Nur was Kleines, wo ich zwei bis drei Mal pro Woche arbeite.

Deshalb sitze ich jetzt bei *ROYO Video* in einem Vorstellungs-Gespräch.

„Warum möchtest du in unserer Videothek arbeiten?", fragt mich Jessica Morrison.
Sie ist die Chefin hier und nur knapp älter als ich.

„Ich schaue gern Filme."
Verlegen sehe ich auf Jessicas Hände. Jede andere Stelle an ihrem Körper hätte mich abgelenkt. Denn

Jessica hat sexy Kurven und sexy Augen. Sie könnte ein Model auf einem Poster sein.

„Auf was für Filme stehst du?“, fragt sie.
„Ich mag alle Filme“, antworte ich.

„Cool“, findet Jessica.
Sie möchte noch wissen, ob ich auch abends und am Wochenende arbeiten kann. Schließlich meint sie: „Alles klar. Du kannst bei uns arbeiten.“

Sie wühlt auf ihrem Schreibtisch und holt ein kleines Plastikschild hervor. Darauf steht:
Hallo, ich bin ...

„Wie willst du genannt werden?“, fragt Jessica.
„Ich heiße Joel“, erinnere ich sie.
Jessica erklärt: „Wir benutzen hier nicht unsere echten Namen. Du musst dir eine Filmfigur aussuchen. Damit die Leute Lust auf Videos kriegen. „Ich heiße zum Beispiel Scarlett.“

Sie zeigt auf ihr Namensschild. Ich hatte es nicht gelesen, weil es zwischen ihren Brüsten hängt.
„Wegen Scarlett O'Hara aus dem Film *Vom Winde verweht*“, erklärt Jessica-Scarlett.
„In unserem Team gibt es schon eine Mary Poppins, einen Hannibal, Maverick, den Paten und Baby.“
„Baby?“, frage ich irritiert.

Jessica-Scarlett sieht mich mit einem Blick an, der sagt: Was? Du weißt nicht, wer Baby ist? Das weiß doch jeder.
„Aus dem Film *Dirty Dancing*“, klärt sie mich auf.
„Ach so. Nie gesehen“, gebe ich zurück.

„Da hast du was verpasst! Also, sag schon. Welchen Namen dürfen wir dir geben? Welcher ist denn dein Lieblingsfilm?“, fragt Jessica.

„*Star Wars*“, sage ich und denke an Han Solo, meine Lieblingsfigur aus der Filmreihe.
„Schreib Han Solo auf mein Schild.“

Was Jessica-Scarlett aber schreibt, ist: *Hans Solo*. Ich traue mich nicht, sie auf den Schreibfehler hinzuweisen. Also reicht sie mir das Schild und sagt: „Willkommen bei *ROYO Video*, Hans. Morgen ist dein erster Dienst. Frag nach Baby. Sie wird dir alles erklären.“

Der erste Dienst

Bei meinem ersten Dienst begrüßt mich Mary Poppins. Sie hat weißblond gefärbtes Haar. Ihr Gesicht ist stark geschminkt.

„Hallo. Ich bin Han Solo", stelle ich mich vor.
Sie sieht auf mein Namensschild und lacht.
„Oder lieber Hans?"
„Ich weiß", sage ich verlegen.
„Jessica, äh Scarlett, hat den Namen falsch geschrieben."

„Verstehe."
Mary Poppins zieht eine Augenbraue hoch.
„Gib mir dein Schild. Ich bessere den Namen aus."

Ich reiche Poppins das Schild. Da höre ich auf einmal, wie im hinteren Teil des Ladens eine Tür zuschlägt. Kurz darauf erklingen Geräusche, als ob sich jemand die Seele aus dem Leib kotzt.

„Ignorier es", sagt Poppins. „Das ist bloß Baby."
Mit einem Wattebausch wischt sie auf meinem Namensschild herum.
„Woher weißt du das?", frage ich.
„Weil es immer Baby ist", sagt Poppins gelangweilt.
Sie sieht nicht von meinem Schild auf.
Wieder schlägt eine Tür zu.

Dann kommt die Würgerin durch den Flur.
Ein bleiches Mädchen mit langen Haaren.

„Wir haben alles gehört", begrüßt Poppins sie.
Sie führt ihren Zeigefinger zum Mund und tut so,
als würde sie ihn sich in den Hals stecken.
Das Mädchen sieht zu mir, dann zu Poppins.
„Na und? Ess-Störungen sind voll in."

Poppins seufzt.
„Baby, ich mache mir langsam echt Sorgen. Du bist schon dünn genug. Sei einfach mit dir zufrieden."

In meiner Zeit in der Psychiatrie habe ich viele Menschen mit Ess-Störungen kennengelernt.
Von daher weiß ich: Solche Sätze kommen nur von Leuten, die wenig Ahnung von Ess-Störungen haben.

Poppins nickt in meine Richtung.
„Das ist übrigens Han Solo. Oder Hans Solo, wie Scarlett geschrieben hat. Und das ist Baby."
Poppins deutet auf das Mädchen.
„Hier", sie gibt Baby mein Schild.
„Du kannst seinen Namen richtig aufschreiben.
Ich habe jetzt Dienstschluss."
Dann geht Poppins.

Solo

Baby schreibt in Großbuchstaben *SOLO* auf mein Namensschild.
„Klingt irgendwie einsam“, sagt sie und gibt mir das Schild zurück.

„Zumindest bin ich kein Hans mehr“, lache ich.
„Was muss ich über den Job hier wissen? Scarlett hat gesagt, dass du mir alles erklärst.“

Statt einer Antwort kramt Baby in einem Schrank. Sie nimmt einen Ordner hervor. Darauf steht: *Infos für neue Mitarbeiter*.

„Hör zu, Solo. Ich habe heute echt keinen Bock auf lange Erklärungen. Lies dir das durch. Dann weißt du, wie der Laden hier läuft. Alles klar?“

„Alles klar“, sage ich, überrascht von ihrer Unfreundlichkeit.

Stück für Stück lese ich mich durch den Ordner. Ab und zu sehe ich auf und beobachte Baby. Sie arbeitet schon lange hier, vermute ich. Jeder Handgriff sitzt. Sie räumt Videokassetten in die Regale. Dazwischen bedient sie Kunden.
„Ich habe eine Frage“, sage ich nach einer Weile und deute auf den Ordner.

„Hier steht: Wir sollen gepflegt und gut angezogen zur Arbeit kommen.“
Ich schüttle meine langen Haarsträhnen und zeige auf mein schmuddeliges T-Shirt.
„Ich weiß nicht, ob ich das hinkriege.“
Baby lacht.
„Vergiss die Vorschrift. Du kannst anziehen, was du willst.“

Ich schlage den Ordner zu.
„Die Regeln aus diesem Ordner gelten also nicht? Das sagst du mir, nachdem ich sie mir eine Stunde lang durchgelesen habe? Wie nett.“

„War mir ein Vergnügen“, meint Baby.
Sie sitzt mit bleichem Gesicht und geschlossenen Augen neben mir auf einem Barhocker. Dann steht sie auf und hastet zur Toilette. Wieder höre ich sie würgen und erbrechen.

Als sie zurückkommt, wirkt Baby entspannter.
Sie erklärt mir den Computer und wie der ganze Vorgang beim Ausleihen funktioniert.

„Hey ... Baby“, sage ich am Ende unserer Schicht.
Ich möchte mich für ihre Erklärungen bedanken.
Aber ich zögere.
„Ist es nicht komisch, wenn ich dich Baby nenne? Klingt irgendwie, als würde ich dich anmachen.“

Baby seufzt. „Ich weiß. Inzwischen bereue ich, dass ich diesen Namen zugelassen habe."
„Zugelassen?" Ich verstehe nicht, was sie meint.

„Ich konnte mich lange nicht für einen Namen entscheiden", erklärt Baby.
„Dann hat Indy gesagt, ich soll Baby heißen. Also Indiana Jones. Er hat früher mal hier gearbeitet."
Baby verdreht genervt die Augen.
„Und seitdem heiße ich Baby. Wie dieses Mädchen in *Dirty Dancing*. Dabei habe ich diesen bescheuerten Film nie gesehen."

„Ich habe ihn auch nie gesehen", gestehe ich.
„Im Ernst?" Das scheint Baby zu beeindrucken.
Denn sie lächelt mich zum ersten Mal an.
Gemeinsam räumen wir den Laden auf und unterhalten uns dabei. Dann ist die Schicht zu Ende.

Wir gehen nach draußen zu unseren Autos. In diesem Moment fühle ich mich richtig gut. Mein erster Tag in meinem neuen Job. Und ich habe ihn wie ein ganz normaler Mensch überstanden. Ich möchte gerade in meinen Wagen steigen. Da übergibt sich Baby plötzlich wieder. Dieses Mal direkt vor meine Füße.
„Tut mir leid", sagt sie erschöpft.
„Macht nichts", sage ich.
„Kann jedem mal passieren."

„Ich dachte, ich schaffe es bis nach Hause."
Baby wischt sich den Mund ab und seufzt:
„Wir kennen uns erst seit ein paar Stunden. Aber wahrscheinlich denkst du jetzt schon, dass ich eine kotzende Psychopathin bin."

„Nein, das glaube ich nicht", beruhige ich sie.
„So weit ich weiß, ist Erbrechen kein Anzeichen für Psychopathie."
„Danke." Baby sieht mich an.

Wir stehen noch eine Weile schweigend da. Baby trinkt ein paar Schlucke Wasser. Dann steigt sie in ihren Wagen. Ich sehe ihr nach, wie sie davonfährt.

Meine Macke

Vor ein paar Jahren

Meine Macke heißt Crystal. Sie ist ungefähr sechzehn Jahre alt. Meistens trägt sie ein grünes Kleid. Ich verstehe mich gut mit ihr. Das Problem ist: Es gibt Crystal nicht wirklich. Deshalb nennen die Ärzte meine Macke: schizoaffektive Störung.

Früher hat meine Familie in Virginia gewohnt. Dort ist Crystal das erste Mal aufgetaucht. Das war, kurz nachdem das Schlimme passiert ist.

Das Schlimme war ganz plötzlich gekommen.
Es hat so heftig in mein Leben eingeschlagen wie eine Bombe. Hat alles in Schutt und Asche gelegt.
Mein gewohntes Leben war mit einem Schlag weg.
Danach war da nur noch der Verlust.
Und das Mitleid und die Blicke der anderen.
Und ihre Finger, die auf uns zeigten.

Zu dieser Zeit bekommen wir viele Karten und Briefe von unseren Mitbürgern. Doch meine Eltern öffnen sie nicht. Sie stapeln sie auf unserem Küchentisch, an dem wir nicht mehr essen.

Eines Tages kann ich die Briefe nicht mehr ertragen. Sie erinnern mich an das Schlimme. Jedes Mal, wenn ich sie anschaue.

Ich trage die Briefe in unseren Garten. Dort steht ein großer Brennofen. Als Kind bin ich öfters hineingekrochen und habe mich darin versteckt. Jetzt stopfe ich all die Briefe in den Ofen.

Ich zünde das Papier mit einem Streichholz an. Die Flammen sind noch klein. Da bemerke ich ganz hinten im Ofen einen Schuhkarton. Ob etwas Wichtiges darin ist? Bevor sich die Flammen ausbreiten, greife ich in den Ofen und hole den Karton heraus.

Ich öffne den Deckel. Nichts von dem Inhalt kommt mir bekannt vor: Eine Kassette, ein Lippenstift, ein Nagellack und ein zerknülltes grünes Kleid. Außerdem ein Stück Papier. Darauf steht in Handschrift eine Liste mit Namen:

Breanne
Ricki
Carol
Belinda
Tara
Gina
Christine
Crystal

Alles in der Kiste ist Mädchenzeug. Auch die Namen. Wem gehören die Sachen?

Während ich nachdenke, taucht zum ersten Mal meine Macke auf. Auf einmal ist sie da, so hell wie der Tag: Hinter den brennenden Briefen drückt sich ein Mädchen an die Wand des Ofens.

Erschrocken schreie ich: „Oh mein Gott!
Es tut mir leid! Ich hab dich nicht gesehen!"

Sofort hole ich Wasser von den Regentonnen. Ich lösche die Flammen. Der Rauch legt sich. Doch es ist niemand mehr zu sehen. Das Mädchen ist weg.

Am Abend liege ich im Bett. Auf einmal höre ich ein Poltern in meinem Schrank. Ich habe zwar Angst. Trotzdem steige ich aus dem Bett. Ich gehe zum Schrank und öffne die Tür. Drinnen steht das Mädchen aus dem Ofen. Zum Glück hat sie keine Brandwunden. Sie sieht frisch und sauber aus. Und sie trägt das grüne Kleid aus der Schachtel.

„Ich habe dich heute im Ofen gesehen",
sage ich aufgeregt.
„Ich weiß", antwortet sie ruhig.
„Danke, dass du meine Schachtel vor dem Feuer gerettet hast."
Das Mädchen sieht sich suchend in meinem Zimmer um.
„Jetzt fehlt nur noch die Namensliste. Ich war mir sicher, dass sie in der Schachtel ist."

Ich gehe zum Bett und hole die Liste. Ich hatte sie auf meinen Nachttisch gelegt.
„Meinst du die hier?"

Das Mädchen lacht erleichtert auf.
„Ja, genau. Danke, Joel!"

Woher weiß sie meinen Namen? Ich habe ihn ihr nicht gesagt. Und sie mir ihren auch nicht.
„Wie heißt du eigentlich?", frage ich deshalb.

„Ich muss einen Namen finden, der gut zu mir passt", sagt sie.
Ich bin irritiert. „Hast du denn keinen Namen?"
„Naja, ich hatte einen Namen. Aber der war falsch."
Sie lächelt mich an.
„Hast du nie das Gefühl, dass du einen falschen Namen hast?"
„Nein", sage ich. „Ich mag meinen Namen."
Das Mädchen hält mir die Liste entgegen.
„Was denkst du? Wie soll ich heißen?"

„Christine", lese ich laut vor. Hm. So heißen viele.
„Gina", lese ich weiter. „Gefällt mir nicht wegen diesem Lied von Bon Jovi."

Das Mädchen reißt die Augen auf.
„Was? Das Lied *Livin' on a Prayer* gefällt dir nicht? Das ist mein Lieblingslied! Ich liebe Bon Jovi!

Aber gut. Wenn du Christine und Gina nicht magst: Welchen Namen findest du denn gut?“

„Wie wäre es mit Crystal?“, schlage ich vor. „Crystal bedeutet Kristall. Und Kristalle sind schön.“

„Hallo, ich heiße Crystal“, testet das Mädchen den Namen. Sie wiegt ihren Kopf hin und her. „Ja, das klingt gut. Dann bin ich ab heute Crystal.“ Sie strahlt mich an. Erst jetzt fällt mir auf, dass ihre Augen strahlend grün sind.

Crystal wirkt nett. Schade, dass ich sie erst jetzt kennenlerne. Denn meine Eltern haben beschlossen, umzuziehen. Weit weg, in den Bundesstaat Michigan. Ich erzähle Crystal von dem Umzug.
„Ich wünschte, du würdest mit nach Michigan ziehen“, sage ich. „Wir könnten Freunde sein.“
Crystal lächelt mich an.
„Ich kann mitkommen, wenn du willst.“

Wie soll das gehen, frage ich mich.
Aber ich sage: „Ja, bitte komm mit.
Dann ist Michigan nicht mehr so schlimm.
Ich habe keine Lust mehr, immer allein zu sein.“

Der Fremde

Bei meinem nächsten Dienst bei *ROYO Video* ist der Laden komplett voll mit Leuten. Normalerweise sind pro Schicht zwei Mitarbeiter eingeteilt. Doch heute sind wir viel mehr. Poppins schafft es zwischen der Arbeit nur Stück für Stück, mich den Kollegen vorzustellen.

Als Erstes erfahre ich: Der Pate ist eine Frau.
Eine Asiatin mit dunklen Augen und einem strengen kurzen Haarschnitt. Sie ist von Kopf bis Fuß in Schwarz gekleidet.

Dann gibt es Maverick. Groß, mit sonnengebräunter Haut. Seine Familie kommt ursprünglich von der karibischen Insel Puerto Rico.

Hannibal trägt einen Pferdeschwanz. Er ist etwas älter als wir anderen. Mindestens 25 Jahre alt.

Heute Abend sind unsere Kunden völlig wahnsinnig. Alle schreien durcheinander.
„Hey, diesen Film hatte ich zuerst", ruft ein Typ und reißt einem anderen den Film aus der Hand.

„In dieser Hülle ist kein Film!", kreischt eine Frau. Kinder hüpfen herum und verstreuen Popcorn. Mütter rennen ihnen hinterher.

Erst später am Abend beruhigt sich die Situation. Ich blicke mich um. Im Laden sieht es schlimm aus. „Wir wurden ja komplett geplündert“, sage ich zu Hannibal.

„Es ist Wochenende“, erklärt er. „Übrigens toll, wie du in diesem Chaos die Ruhe bewahrt hast. Und das bei deinem zweiten Dienst.“

Ich genieße Hannibals Lob und fange ein Rolle Mülltüten auf, die er mir zuwirft. Er selbst schnappt sich einen Staubsauger.

Es klingt vielleicht komisch. Aber ich räume gern auf. Vor allem, wenn ich gestresst bin. Aufräumen heißt: Alles wieder in Ordnung bringen. Das Chaos beseitigen. Und in meinem Leben hat es schon mehr als genug Chaos gegeben.

Ich sammle Popcorn-Becher und Plastikflaschen vom Boden auf. Bald sind mehrere Mülltüten voll. Ich öffne die Hintertüre und trage die Tüten zum Müllcontainer auf dem Parkplatz. Es ist ein warmer Sommerabend. Ich atme tief ein und genieße die gute Luft hier draußen.

Auf einmal ertönt ein „Hey!“ Es ist nur ein leises Flüstern. Doch vor Schreck springe ich ungefähr zehn Meter in die Luft.

Ich drehe mich um. Doch keiner ist zu sehen. Auch in den Autos auf dem Parkplatz ist niemand.

„Hey!“ Diesmal ist das Flüstern lauter. Auf meinen Armen stellen sich Härchen auf. Ist es Crystal? Ist meine Macke zurückgekehrt? Panik macht sich in mir breit. Wenn es meine Macke ist, dann sollte ich nicht mit ihr reden. Eigentlich sollte meine Macke gar nicht mehr da sein.

Ich werfe die Müllsäcke in den Container. Dann beeile ich mich, die Tür der Videothek zu erreichen.

„Jetzt warte doch mal!“, ruft mir die Stimme nach. Schritte nähern sich. Wie versteinert bleibe ich stehen. Dann drehe ich mich langsam um.

Vor mir steht ein wildfremder Kerl in T-Shirt und Trainingshose. Ich atme erleichtert aus. Es ist nicht Crystal!

„Arbeitest du hier?“, will der Fremde wissen.
Ich nicke. „Mein zweiter Tag heute.“
„Ah.“ Er mustert mich von oben bis unten.
„Arbeitet Nikki heute?“

„Der Pate?“, frage ich verunsichert.
Ich kenne von den anderen bisher nur die Spitznamen.

„Nein, nicht der Pate. Nikki. Baby. Ist sie da?“, fragt der Kerl.
„Ach so, Baby! Nein, sie ist nicht da.
Sie hat erst morgen wieder Dienst“, erkläre ich.

„Verdammt“, sagt der Typ und reibt sich sein Gesicht. „Hab gehört, dass es ihr nicht so gut geht.“

Argwöhnisch sehe ich mir den Fremden genauer an.
„Wer bist du eigentlich?“
„Indiana Jones. Indy. Ich habe mal hier gearbeitet.“

Ach ja, Baby hat ihn erwähnt. Der Typ, der Baby ihren Namen gegeben hat. Indiana Jones holt zwei Zigaretten aus seiner Hosentasche und bietet mir eine an. Ich lehne ab.

„Hör zu“, sagt er und zündet seine Zigarette an.
„Ich kann da nicht reingehen.“
Er deutet auf den Eingang zur Videothek.
„Wir zwei kennen uns zwar nicht. Aber kannst du Baby etwas von mir geben?“
Er kramt einen Umschlag heraus und gibt ihn mir.
Vorne drauf steht: *Für Nikki*.
„Kannst du ihr das geben?“, hakt er nach.
„Klar“, sage ich und nehme den Umschlag.
„Danke, Mann!“
Indiana Jones klopft mir auf die Schulter. Dann dreht er sich um und verschwindet.

Der geheimnisvolle Umschlag

Am nächsten Tag bin ich gemeinsam mit Baby für den Dienst eingeteilt. Als ich bei *ROYO Video* ankomme, ist sie aber noch nicht da.

Ich arbeite eine Weile allein vor mich hin. Auf einmal stürmt Baby herein.
„Scheiße!", flucht sie. „Ich bin zu spät."

„Ist nicht schlimm", versuche ich, sie zu beruhigen. „Bis jetzt war kaum was los. Ich bin gut allein zurechtgekommen."

Doch Baby lässt sich nicht beruhigen. Nervös sieht sie sich um.
„Heute wollte jemand vorbeikommen. War irgendein Typ da, der nach mir gefragt hat?"
„Meinst du Indiana Jones?", frage ich zurück.

Baby sieht mich erschrocken an.
„Woher weißt du das?"
„Er war gestern Abend draußen auf dem Parkplatz."
Ich reiche ihr den Umschlag.
„Das soll ich dir von ihm geben."

Baby starrt zuerst mich, dann den Umschlag an.
„Was ist das?"
Ich zucke mit den Schultern.

Hastig reißt Baby den Umschlag auf. Ein paar Geldscheine rutschen heraus.

„Was zum Teufel …?“, sagt Baby.
„Was soll das? Hat Indy sonst noch was gesagt?“
„Nein.“ Ich zucke hilflos die Schultern.

Auf einmal sieht Baby traurig aus. Sie tut mir leid. Auch wenn ich nichts verstehe. Ein paar Minuten bleibt Baby einfach nur schweigend stehen. Dann nimmt sie sich das Telefon und verschwindet damit nach draußen.

Ich gehe wieder an die Arbeit. Kümmere mich um die Kunden. Nach einer Weile kommt Baby zurück. Wir arbeiten weiter, als sei nichts gewesen.

Doch als unsere Schicht fast zu Ende ist, sagt Baby: „Hör zu, Solo. Ich habe echt ein Problem. Ich weiß, dass wir uns kaum kennen. Aber ich habe sonst niemanden, den ich fragen kann. Ich brauche jemanden, der mich zu einem Termin fährt.“

Wo muss Baby hin? Warum kann sie nicht selbst fahren? Das hat doch sicher etwas mit diesem Indiana Jones zu tun. Der Umschlag. Das Geld. Irgendeine ungute Geschichte. Das geht mich nichts an, denke ich erschrocken. Ich habe meine eigenen Probleme.

„Ist dein Auto kaputt?", frage ich.
„Ich kann dir meines leihen."
Das ist ein guter Vorschlag, finde ich. So helfe ich Baby wenigstens ein bisschen.

„Nein. Darum geht es nicht. Ich habe einen Termin. Ich darf danach nicht selbst Auto fahren."
Baby legt eine zerknüllte Visitenkarte auf die Theke:

Zentrum für Frauen-Gesundheit
und Familien-Planung
1398 Southfield Straße
Southfield, Michigan

„Ich habe keine Ess-Störung, Solo", sagt Baby.
„Ich bin schwanger."

Schwanger. Verdammt! Das ist hart. Was soll ich jetzt sagen? Glückwunsch? Nein, das ist sicher unpassend. Also murmele ich nur:
„Das wusste ich nicht."
Baby sieht mich an wie einen Volltrottel.
„Zum Glück brauche ich keinen Privatdetektiv. Sondern nur einen Fahrer."

„Ja, ich fahre dich", sage ich schnell.
„Kein Problem."
Mit einem Mal fühlt es sich gut an, zu helfen.
Anstatt immer nur der zu sein, der Hilfe braucht.

In der Klinik

„Sie meinten, es dauert ungefähr zwei Stunden“, sagt Baby, als wir auf dem Parkplatz der Klinik ankommen.

„Kein Problem. Ich warte hier, bis du zurückkommst.“
Ich sehe Baby nach, wie sie über den Parkplatz zum Eingang der Klinik geht.

Kurz darauf ist Baby wieder zurück. Sie reißt die Autotür auf und sagt:
„Du musst mit reinkommen.“
„Was?“ Ich bin erschrocken.
„Ja, sie müssen sichergehen, dass ich nicht allein hier bin“, erklärt Baby.
„Sie haben mir nicht geglaubt, dass Han Solo auf dem Parkplatz auf mich wartet.“

Ich steige aus und folge ihr. Auf der Station deutet Baby auf eine Frau hinter einer Glasscheibe. Die Frau winkt mich her. „Du bist Han Solo?“, fragt sie.

„Ja, aber das ist nicht mein richtiger Name ...“
„Passt schon“, unterbricht sie mich.
„Erzähl mir nicht deine ganze Lebensgeschichte. Ich möchte bloß wissen, ob du ihre Begleitung bist.“
Sie deutet auf Baby. Ich nicke.
„Das genügt schon“, meint die Frau.

Ich setze mich neben Baby und sehe mich um. Alles hier auf der Station ist rosa. Der Boden, die Stühle und die Tapete. In der Psychiatrie war meist alles blau oder grau.

Wir sitzen und schweigen. Bis Baby plötzlich sagt: „Ich bin hier, um abzutreiben."
„Das habe ich mir gedacht", gebe ich zurück.

„Tut mir leid, dass ich es dir nicht vorher gesagt habe. Bevor du mich gefahren hast. Dann hättest du ablehnen können. Vielleicht hast du ja ein schlechtes Gewissen, jemanden zu einer Abtreibung zu fahren."

„Wieso ein schlechtes Gewissen?", frage ich. „Wäre es besser, wenn man ein Mädchen mit dem Taxi zu einer Abtreibung fahren lässt?"

Kurz darauf geht eine Tür auf. Eine Frau in einem rosa Kittel ruft Baby auf. Baby nimmt ihre Tasche und verschwindet mit der Frau in dem rosa Flur.

Auf dem Rückweg von der Klinik schweigt Baby. Seit sie wieder draußen ist, hat sie noch nichts gesagt.

„Wo wohnst du?", frage ich schließlich.
„Fahr mich einfach zur Videothek. Da steht mein Auto", entgegnet sie.

Ich bin verwirrt.
„Aber es geht doch genau darum, dass du nach der Abtreibung nicht selbst fahren sollst."
„Bring mich einfach zur Videothek. Bitte."

Ich werde nervös. Ich stelle mir vor, wie Baby mit ihrem Wagen gegen ein anderes Fahrzeug kracht. Weil sie noch benommen von der Betäubung ist. Trotzdem gehorche ich und fahre sie zur Videothek. Dort steigt Baby in ihr Auto und fährt davon.

Dann kommen meine Sorgen zurück. Was ist, wenn Baby einen Unfall baut? Ich gehe zu einer Telefonzelle in der Nähe und schlage das Telefonbuch auf. Aus der Klinik weiß ich, dass Baby mit vollem Namen Nicole Palmers heißt.

Ich sehe, dass es in unserer Stadt zehn Familien mit dem Nachnamen Palmers gibt. Ich schreibe alle Adressen auf.

Besorgt fahre ich durch die Straßen. Fünf Adressen fahre ich ab. Doch nirgends entdecke ich einen Hinweis auf Baby. Vor der sechsten Adresse steht das schwarze Auto mit dem Aufkleber auf der Heckscheibe. Babys Auto! Ich atme erleichtert auf. Beruhigt fahre ich nach Hause.

Das unsichtbare Band

Die Wochen vergehen und ich lebe mich in der Videothek ein. Mit der Zeit fühle ich mich nicht mehr ganz neu. Ich kenne die Abläufe und weiß, was zu tun ist. Auch meine Kollegen kenne ich jetzt besser.

Poppins ist die gute Seele in unserem Team. Der Pate hingegen ist abweisend und kühl. Scarlett wiederum ist oft so sexy und aufreizend angezogen, dass ich verlegen werde.

Viele Tage hintereinander habe ich keinen gemeinsamen Dienst mit Baby. Erst wieder am letzten Samstag im August. Ich freue mich, sie wiederzusehen. Ich merke, dass die Erlebnisse in der Klinik etwas zwischen uns verändert haben. Es verbindet uns miteinander.

Wir arbeiten gut gelaunt nebeneinander her. Kunden kommen in die Videothek, leihen sich Filme aus oder bringen Filme zurück. Sie legen uns die Videos auf die Theke. Sobald die Kunden wieder weg sind, reden Baby und ich über die Filme.

Einmal liegt der Film *Reality Bites* vor uns.
„Hast du den schon gesehen?“, fragt mich Baby.

„Nein“, antworte ich. „Worum geht es darin?“
„Um ein Mädchen, das sich zwischen zwei Typen entscheiden muss“, erklärt Baby. „Der eine ist ein erfolgreicher Langweiler. Der andere ein sexy Verlierer. Rate, für wen sie sich entscheidet.“

Ich sehe mir das Bild auf der Videohülle an.
Schließlich deute ich auf einen der Schauspieler.
„Für den da.“

„Richtig! Der sexy Verlierer.“
Baby verdreht die Augen.
„Ich schwör dir: Zurzeit gibt es in jedem Film so einen Typen wie den. Und am Ende kriegt immer er das Mädchen.“

„Der Film ist also Mist?“, frage ich irritiert.
„Nein, er ist gut“, sagt Baby.
„Ich fände es nur besser, wenn sich das Mädchen am Ende für sich selbst entscheiden würde.“

Dann kommt eine Kundin an die Theke.
„Guten Tag Frau Schwartz“, grüßt Baby.
Sie nimmt den Film der Frau entgegen und tippt etwas in den Computer ein.
Dann sagt sie:
„Es tut mir wirklich leid, Frau Schwartz.
Aber Sie müssen fünfzehn Dollar Strafe zahlen. Ihr Mann hat neulich einen Film zu spät abgegeben.“

„Das ist ärgerlich", findet die Kundin.
„Und ich muss die Strafe zahlen. So wird er es nie lernen, die Filme rechtzeitig zurückzugeben."

„Soll ich Ihren Mann aus Ihrem Kundenkonto streichen? Wenn er das nächste Mal kommt, kann er ein eigenes Konto bei uns einrichten", schlägt Baby vor.

Die Frau lacht. „Das ist eine gute Idee!"
Sie zahlt die Strafgebühr und verabschiedet sich.

„Das sind sehr nette Stammkunden", erklärt mir Baby, als die Frau draußen ist.
„Jana und Marc Schwartz, meine ich."

Marc Schwartz. Der Name klingt bekannt. Doch ich komme nicht darauf, woher ich ihn kenne.

Etwa eine Stunde später ist unsere Schicht fast zu Ende. Wir räumen auf. Dann entdecke ich auf der Theke ein Video. Vermutlich hat es im letzten Moment noch jemand abgegeben. Doch dann sehe ich, welcher Film es ist: *Reality Bites*. Der Film, über den wir vorher so lange gesprochen haben. Ein Zettel klebt daran:
Sag mir, was du davon hältst. – Baby
Ich grinse und stecke den Film in meine Tasche.

Schmuck für Crystal

Vor ein paar Jahren

Meine Eltern und ich sind inzwischen nach Michigan umgezogen. Das Leben dort ist schwer für mich. In der Schule bin ich still und ziehe mich zurück, weil ich wegen dem Schlimmen noch immer sehr traurig bin. Ich bin einsam.

An einem Abend liege ich im Bett und kann nicht einschlafen. Auf einmal höre ich ein Flüstern. „Hey!" Ich rühre mich nicht und lausche in die Dunkelheit.

„Hey, Joel! Ich bin es, Crystal."
Schnell schalte ich das Licht ein. Dann sehe ich sie. Das Mädchen aus dem Brennofen steht neben meinem Bett und lächelt mich an. Ich bin erleichtert. In den letzten Monaten war ich so einsam. Doch jetzt ist Crystal endlich auch in Michigan!

Ich stehe auf und hole ihre Schachtel aus dem Schrank.
„Ich hab sie für dich aufgehoben", sage ich.
„Ich habe die ganze Zeit gehofft, dass du kommst."
Ich öffne die Schachtel.
„Außerdem habe ich dir noch ein paar Sachen besorgt: Schminke und Ohrringe. Und eine CD von Bon Jovi. Weil du die Band doch so liebst."

„Wirklich?“ Crystal sieht in die Schachtel.
„Woher hast du die Sachen?“
„Von meinem Taschengeld gekauft“, erkläre ich.
Crystal zuckt zusammen.
„Wissen deine Eltern davon?“, fragt sie mich.
„Nein. Wenn sie die Sachen finden, dann sage ich einfach: Sie gehören einer Freundin.“

Crystal sieht mich streng an.
„Eine Freundin? Siehst du mich etwa so?“
„Nein!“, antworte ich erschrocken. Ich denke nach.
„Es fühlt sich so an, als ob wir irgendwie zusammengehören. Aber anders. Als wärst du meine Cousine oder meine beste Freundin. Auf jeden Fall bin ich froh, dass du da bist.“

Eine Weile unterhalten wir uns noch. Dann legt sich Crystal neben mich ins Bett. Und wir schlafen gemeinsam ein.

Eine Rundfahrt

Seit Baby für mich den Film *Reality Bites* ausgeliehen hat, sind mehrere Wochen vergangen. Inzwischen hat Baby weitere Filme für mich ausgeliehen. Alle haben mir gefallen. Es macht Spaß, wenn Baby und ich danach über die Filme reden. Diese Sache mit den Filmen wird zu unserem gemeinsamen Hobby.

Eines Tages sitze ich zu Hause. Auf einmal höre ich von draußen Musik. Ich gehe auf die Terrasse. Auf der Straße parkt Babys schwarzes Auto.

„Tolles Lied!", rufe ich und gehe zu ihr rüber. „Wie hast du rausgefunden, wo ich wohne?"

Sie grinst. „Vermutlich so, wie du neulich meine Adresse rausgefunden hast."

Ich denke an den Abend nach der Klinik. Woher weiß sie, dass ich später noch bei ihrem Haus war?

„Du hast an dem Abend laut Musik gehört. Und die Fenster von deinem Auto waren unten. Das hat dich verraten", erklärt Baby.
„Tut mir leid", sage ich kleinlaut.
„Was? Dass du mir heimlich auflauerst?", fragt Baby.
„Ich habe dir nicht aufgelauert.

Ich war nur … besorgt“, erkläre ich.
„Ich wollte sehen, ob du gut angekommen bist.“

„Ja klar.“ Baby fährt sich mit der Hand durchs Haar und lacht.
„Willst du eine Runde mitfahren?“, fragt sie und deutet auf ihren Wagen.
„Echt?“, frage ich. Doch ich steige schon ein.

Wir fahren durch die Stadt und reden über unser Lieblingsthema: Filme. Mit einem Mal denke ich an Indiana Jones. Nicht an den Film. Sondern an den Typen, der mir den Umschlag für Baby gegeben hat.
„Indiana Jones hat mir gesagt, dass auch er früher bei *ROYO Video* gearbeitet hat“, beginne ich.
„Warum jetzt nicht mehr?“

„Indy wurde gefeuert“, erklärt Baby.
„Er hat Filme kopiert und sie dann verkauft. Bis ihn jemand bei der Polizei verpfiffen hat. Er wurde im Laden verhaftet.“
Wir halten an einer roten Ampel und Baby sieht mich an.
„Habt ihr euch deswegen getrennt?“, frage ich.

Lange Zeit gibt mir Baby keine Antwort.
Bin ich mit meiner Frage zu weit gegangen?
Doch dann sagt sie:
„Eigentlich waren wir nie wirklich zusammen.

Natürlich hatten wir was miteinander. Aber nichts Offizielles. Ist auch egal. Ich bin darüber hinweg."

Offensichtlich will Baby nicht darüber reden.
Sie sieht mich an und fragt:
„Und wann erfahre ich mehr über deine schmutzige Vergangenheit? Du hast bestimmt auch einiges zu verbergen!"

Ich schaue auf die Straße und sage einfach nur:
„Ach ja? Ich habe was zu verbergen?"
„Ja", beharrt sie. „Das haben wir alle."

Ich denke eine Weile nach. Dann sage ich leichthin:
„Früher hatte ich mal eine geheime Kneipe in Detroit. Aber per Gesetz darf ich nicht darüber sprechen."

Leute mit einer Macke reden immer so. Damit sie nicht über ihre Macke reden müssen.

„So ein Blödsinn", meint Baby.
Aber sie lächelt und ich freue mich darüber.

Im *Headlights*

Baby hält mit dem Auto vor einer Kneipe mit dem Namen *Headlights*. Ich bin überrascht. Denn das *Headlights* ist nicht nur für seine großen Burger bekannt. Sondern vor allem für seine Kellnerinnen: Heiße Ladys mit großen Brüsten.

„Du stehst doch auf Busen, oder?", sagt Baby. Irritiert starre ich sie an.
„Sind wir deswegen hier?"

„Nein. Wir sind hier, um was zu essen. Ich habe Hunger. Komm schon. Ich kenne mich hier aus."

Zögernd folge ich Baby in das Lokal. Ich war noch nie im *Headlights*. Neugierig schaue ich mich um. Der ganze Laden ist eingerichtet wie eine alte Tankstelle. Zapfsäulen, Werkzeug und Reifen als Dekoration. An den Wänden leuchtende Schilder und Autowerbung. Aus einer Jukebox klingt Musik.

Wir setzen uns an einen freien Tisch. Da sehe ich, dass Baby eine große schlanke Kellnerin grüßt. Die Frau kommt auf uns zu. Sie ist ein paar Jahre älter als wir, aber nicht viel. Sie hat dunkles Haar und ist stark geschminkt. Ihr Ausschnitt ist riesig.
„Hallo Nikki", grüßt die Frau Baby.
„Wie war die Arbeit heute Morgen?"

Anstatt zu antworten stellt Baby uns vor:
„Solo, das ist Kat. Kat, das ist Solo."
Die Frau reicht mir die Hand.
„Hallo, ich bin Kat. Nikkis Mutter."

Fassungslos starre ich die Frau an. Nikkis Mutter? Babys Mutter! Kat ist Babys Mutter! Das hätte ich nie gedacht. Ich suche nach Worten.
Kat sagt: „Ich bringe euch Burger und Pommes."
Dann ist sie schon wieder verschwunden.

„Jetzt sagst du sicher, wie toll sie aussieht."
Baby verdreht die Augen.
„Und dass sie fast meine Schwester sein könnte. Sie hat mich mit sechzehn gekriegt", klärt Baby mich auf. „Ich bin ein Unfall. Ich habe den Kerl nie kennengelernt, der sie geschwängert hat."

Ich spüre, dass Baby mich schockieren will. Aber das schafft sie bei mir nicht so leicht. Dafür war ich zu lange in der Psychiatrie.
„Sie ist ziemlich cool", sage ich.

„Sie arbeitet hier, seit ich zwei Jahre alt bin", erklärt Baby.
„Kannst du dir vorstellen, in fünfzehn Jahren noch immer bei *ROYO Video* zu arbeiten? Jahrelang Videos ausgeben und zurücknehmen? Bei der Vorstellung kriege ich Ausschlag!"

„Anscheinend gefällt deiner Mutter die Arbeit hier“, vermute ich.

„Sieht so aus. Sie verdient ganz gut“, meint Baby. „Das liegt vor allem an ihrem tollen Busen. Aber das hält nicht ewig.“

Ich starre Baby an. Was sagt man, wenn jemand so über seine Mutter spricht?
„Kats Brüste werden einmal mein Studium zahlen“, redet Baby weiter.

„Weißt du schon, was du studieren willst?“, frage ich, um das Thema zu wechseln.

Doch da bringt ihre Mutter schon das Essen. Kat stellt den Teller vor mich hin. Dann setzt sie sich neben mich und schnappt sich ein Pommes.
„Solo, erzähl was von dir!“

Baby sieht ihre Mutter böse an.
„Er wird dir kein Trinkgeld geben. Also brauchst du auch nicht mit ihm zu flirten.“

„Keine Sorge“, sagt Kat und lacht.
Sie zeigt ihre Hand und deutet auf den Ring.
„Ich bin verlobt. Hat Nikki erwähnt, dass Bob und ich heiraten? Bob ist der Besitzer von dem Laden.“
„Herzlichen Glückwunsch“, sage ich.

„Danke“, lacht Kat und fügt hinzu:
„Ich lasse euch jetzt lieber wieder allein.“
Ich sehe ihr nach, wie sie zwischen den anderen Gästen verschwindet.

„Sie ist so peinlich“, sagt Baby.
„Ich finde sie cool“, entgegne ich und beiße in meinen Burger.
Baby verdreht die Augen.
„Sie heiratet einen zwölf Jahre älteren Typen. Der ist seit ungefähr fünf Sekunden geschieden. Meine Mutter hat ihn davor zehn Jahre lang angemacht.“

Ich möchte Baby von meiner Mutter erzählen.
Um ihr zu zeigen, wie gut sie es mit ihrer hat. Doch plötzlich spielt die Jukebox ein neues Lied:
Livin' on a Prayer von Bon Jovi. Crystals Lieblingslied.
Ich höre die ersten paar Töne und verschlucke mich fast an meinem Burger.

„Ist was?“, fragt Baby.
Ich schüttle den Kopf. Aber Baby merkt, dass etwas mit mir nicht stimmt.
„Im Ernst, was ist los?“

„Ach, nichts …“, sage ich leichthin. „Hast du gesehen, wer das Lied in der Jukebox ausgewählt hat?“
Baby schüttelt den Kopf. Das *Headlights* ist voller Menschen. Ich sehe mich aufgeregt um.

Irgendwo muss Crystal sein. Sie hat das Lied ausgesucht. Oder war es doch jemand anderes? Dann entdecke ich ein Mädchen mit braunen Haaren. Wie Crystal. Das Mädchen steht mit dem Rücken zu mir an einem Tisch. Mir bleibt fast das Herz stehen.

Ich stürme durch das Lokal und reiße Crystal am Ellenbogen herum.
„Was machst du hier?“, frage ich sie.
Als mich das Mädchen ansieht, erkenne ich: Es ist nicht Crystal. Nur eine Kellnerin.
„Entschuldigung“, stammle ich. „Verwechselt.“

Und wenn Crystal woanders ist? Ich suche das ganze Lokal nach ihr ab. Unter den Tischen. Hinter ein paar Säulen. Auf den Toiletten. Ist Crystal schon weg? Oder war sie gar nicht da? Weil es sie in echt gar nicht gibt. Sie ist eine Halluzination, sagen die Ärzte.

Ich komme zu dem Schluss: Es ist gut, dass ich Crystal nicht gefunden habe. Denn wäre sie tatsächlich hier gewesen, dann wäre auch meine Macke wieder da. Ich kehre an unseren Tisch zurück. Baby starrt mich an. Sie starrt mich ewig an, ohne zu blinzeln.
„Was um alles in der Welt war das denn, Solo?“
Ich versuche, die Situation runterzuspielen.
„Ich dachte nur, ich hätte jemanden gesehen.“

„Wen?“, fragt Baby.
Ich versuche zu antworten.
„Es ist kompliziert ... Ein Mädchen ... Sie hat mit meiner Vergangenheit zu tun. Aber ... egal.“

Ich winke ab. Baby sieht mich an. Nicht mehr so aufgeregt, sondern mitfühlend.
„Willst du mir nicht erzählen, was passiert ist?“
„Nein“, sage ich leise. „Ich will nicht.“

„Im Ernst, Solo?“ Jetzt klingt Baby angespannt. „Du weißt verdammt viel persönlichen Scheiß von mir. Und ich weiß fast nichts von dir. Das ist nicht gerecht. Wie wollen wir Freunde sein, wenn ich nichts über dich weiß?“

Ich kann Baby nicht von meiner Macke und der langen Zeit in der Psychiatrie erzählen. Für normale Menschen klingt meine Macke vollkommen verrückt. Würde ich Baby davon erzählen, dann würde sie nichts mehr mit mir zu tun haben wollen.

„Ich habe nichts zu sagen“, murmle ich.
„Ich dann auch nicht“, erwidert Baby.
Ich merke, dass sie enttäuscht und sauer ist.
Schweigend essen wir zu Ende.

Besuch aus der Vergangenheit

Seit dem Tag im *Headlights* behandelt mich Baby anders. Wir reden kaum miteinander. Baby leiht auch keine Videos mehr für uns aus.

Eines Tages kommt ein Kunde in die Videothek. Er legt ein paar Videos auf die Theke. Irgendwas kommt mir an dem Mann bekannt vor. Er ist etwa Anfang vierzig und hat dunkle Haare. Bin ich dem Mann schon mal begegnet? Aber wo?

„Hallo, wie geht's?", fragt er mich.
Es klingt, als würde er mich kennen.
„Gut. Und selbst?", gebe ich gelassen zurück.
Ich möchte verbergen, dass ich ihn nicht erkenne.

Auf einmal steht Baby neben mir.
„Ah, guten Tag, Herr Schwartz", sagt sie.
„Ihre Frau hat Sie neulich aus ihrem Kundenkonto gestrichen. Weil Sie die Filme oft zu spät zurückgeben. Wegen der Strafgebühr, wissen Sie."

Herr Schwartz grinst.
„Im Ernst? Ich hab gedacht, sie macht nur Witze."
Er lacht ein freundliches Lachen.
„Sie können ein eigenes Kundenkonto anlegen", schlägt Baby vor.
„Dafür brauche ich nur Ihren Ausweis."

Herr Schwartz sucht seine Taschen ab. Dabei fällt sein Blick auf mein Namensschild.
„Solo“, liest er vor und sieht mich fragend an.
„Wie Han Solo? Gute Wahl. Ich liebe *Star Wars*.“
Danke“, sage ich.
„Wie lange arbeitest du schon hier?“, fragt er und klingt wieder so, als ob er mich kennt.
„Erst ein paar Wochen“, sage ich.

„Ich finde meinen Ausweis nicht“, meint Herr Schwartz. „Aber vielleicht genügt ja das hier.“
Er legt eine Visitenkarte vor uns auf die Theke.

Doktor Marc Schwartz
Leitender Oberarzt Kinder- und Jugend-Psychiatrie
Weller-Clawson-Zentrum
Experten für geistige Gesundheit

Oh, verdammt! Auf einmal wird mir klar, woher wir uns kennen. Marc Schwartz war mein Psychiater. Im Lauf der Zeit haben mich mehrere Psychiater behandelt. Er war einer der ersten. Das liegt schon eine Weile zurück. Erschrocken starre ich ihn an.

Marc Schwartz hat die Karte inzwischen wieder eingesteckt. Er wartet geduldig, bis wir alles in den Computer eingetragen haben. Dann verabschiedet er sich und geht.

Scarletts Idee

Inzwischen ist es Ende Oktober. Eine Woche vor Halloween. Scarlett hat die Idee, dass wir an Halloween alle verkleidet zum Dienst kommen.

„Wir ziehen uns alle so an, wie die Figur von unserem Spitznamen", sagt sie.
„Ich gehe als Scarlett O'Hara. Joel geht als Han Solo. Und so weiter. Das wird bestimmt lustig! Was haltet ihr davon?"

„Ich bin einverstanden", sagt der Pate.
Für sie ist das Verkleiden nicht schwer. Sie muss kaum etwas verändern. Sie sieht jetzt schon wie ein Ganove aus.

„Ich finde es großartig", sagt Poppins begeistert.
Auch die anderen Kollegen sind einverstanden mit Scarletts Idee.

Doch dann meldet sich Baby:
„Das ist total lächerlich. Ich mache nicht mit."

„Doch, das wirst du", sagt Scarlett überraschend scharf. „Alle anderen sind einverstanden. Das heißt, wir machen es so. Alle kommen an Halloween verkleidet. Es würde auf die Kunden komisch wirken, wenn du nicht mitmachst."

„Du kannst mich nicht zu einer Verkleidung zwingen“, faucht Baby Scarlett genervt an.

Da wendet sich Scarlett an uns:
„Jetzt sagt ihr doch auch mal was!“

Ausgerechnet ich bin es, der den Mund aufmacht:
„Ach komm, Baby. Was ist so schlimm daran?“
Ich weiß nicht, warum ich das tue. Weil Scarlett an diesem Tag so scharf aussieht? Weil ich ihr gefallen will?

Auf jeden Fall sieht Baby mich mit einem Blick an, der sagt: Du Verräter!
„Schert euch beide zum Teufel!“, knurrt sie.
Dann dreht sie sich um und geht.

Zurück bleibt nur mein schlechtes Gewissen.

Du bist krank, Joel

Vor ein paar Jahren

Seit über einem halben Jahr wohnen wir jetzt in Michigan. Crystal hat mich inzwischen schon oft besucht.

Eines Tages komme ich von der Schule nach Hause. Meine Mutter empfängt mich mit Crystals Schachtel in der Hand. Das grüne Kleid hat sie herausgenommen und hält es in die Höhe.
„Was zum Teufel ist das, Joel?"

Ich bin völlig überrumpelt.
„Warst du an meinem Schrank?"

„Ja", sagt meine Mutter bitter.
„Ich habe alles gefunden. Das Kleid. Deinen Schmuck und deine Schminke. Darauf stehst du also? Das treibst du, wenn du allein in deinem Zimmer bist?"

„Wie meinst du das?", frage ich völlig ratlos.
„Du trägst heimlich Kleider!", schreit sie.
„Du tust so, als wärst du ein Mädchen."

Der Vorwurf ist völlig absurd. Ich muss lachen.
„Warum sollte ich das tun?"
„Hör auf zu lügen!", schreit meine Mutter und wirft mir das Kleid entgegen.

„Mann, Mama! Ich ziehe keine Mädchenkleider an. Beruhig dich!"
Langsam wird aus meiner Verwirrung Wut.

„Lüg mich nicht an, Joel! Ich weiß, dass du dir heimlich die Fingernägel lackierst. Dein Vater sagt: Ich soll dich in Ruhe lassen. Das wäre bloß eine Phase. Und du versuchst nur, das Schlimme zu verarbeiten. Aber ich sehe, was hier passiert. Du bist krank, Joel! Bei dir stimmt etwas nicht! Tief in dir drin ist etwas ernsthaft gestört."
Meine Mutter bricht in heftiges Schluchzen aus.

Ich bin geschockt. Ich kann nicht glauben, was sie da sagt.
„Ich bin nicht gestört", schreie ich zurück.
„Ich bin ganz normal! Ich schwöre es."

„Normale Jungs verstecken keine Schminke in ihrem Schrank!", brüllt meine Mutter.
„Normale Jungs verstecken Kataloge mit Damenunterwäsche und halbnackten Frauen."

Tränen schießen mir in die Augen.
„Hör auf", knurre ich. „Lass mich einfach in Ruhe!"

Ich nehme Crystals Kleid und stürme aus dem Haus. Mit dem Fahrrad fahre ich davon, so schnell ich kann. Ich bin so wütend wie noch nie in meinem Leben.

An einem See halte ich an und steige vom Rad.
„Du bist so ein Arsch, Mama“, schimpfe ich vor mich hin. „Du bist gestört, nicht ich.“
Ich schleudere wütend einen Stein ins Wasser.
Dann noch einen. Und noch einen.

Auf einmal sehe ich etwas im Wasser. Ein Plantschen. Direkt neben einem Steg, der ins Wasser führt. Ich renne darauf zu, haste über den Steg. Dann erkenne ich eine Person im Wasser. Lange braune Haare. Crystal! Sie strampelt, als hätte sie sich mit den Füßen verfangen.

Mit klopfendem Herzen reiße ich mir die Kleider vom Leib. Es ist erst April und ziemlich kalt draußen.
„Halte durch!“, rufe ich zu Crystal. „Ich rette dich!“

Ich springe in das eiskalte Wasser. Sobald ich auftauche, suche ich nach Crystal. Zuerst finde ich sie nicht. Dann sehe ich: Sie sitzt auf dem Steg. Ihr grünes Kleid ist trocken. Ich bin so erleichtert, dass ich heulen muss.

„Es ist alles gut“, beruhigt mich Crystal.
„Ich bin ja hier.“

Im Keller

Es sind nur noch wenige Tage bis Halloween. Und ich muss mir noch ein Han-Solo-Kostüm basteln. Deshalb bin ich in unserem Keller und wühle in Kisten mit altem Kram. Ob hier unten wohl irgendwo mein altes *Star-Wars*-Gewehr ist?

Star Wars hat in unserer Familie eine sehr große Rolle gespielt. Wir haben diese Filme geliebt. Bis meine Eltern sie auf einmal verboten haben. Vielleicht finde ich irgendwo das Spielzeug-Gewehr. Es wäre perfekt für meine Verkleidung.

Ich gehe von Karton zu Karton. Die Kartons mit den alten Sachen von meinem Bruder meide ich. Die Erinnerungen schmerzen zu sehr.

Alle anderen Kisten öffne ich. Eine nach der anderen. Nirgends ist etwas Brauchbares. Dann hebe ich den Deckel einer weiteren Kiste hoch. Überrascht sehe ich mir die Sachen darin an: Puppen, Puppengeschirr, Handtaschen. Alles Mädchensachen. Ich kann mich nicht daran erinnern, dass mein Bruder oder ich je damit gespielt haben. Seltsam. Sind das Crystals Sachen?

Andererseits: Alles, was Crystal besaß, hatte ich für sie gekauft. Und die Dinge hier habe ich noch nie gesehen. Doch dann fällt mir der Schuhkarton aus dem Brennofen ein. Auch der war eines Tages einfach aufgetaucht. Ich hatte damit nichts zu tun. Vielleicht passiert es jetzt wieder.

Verwirrt schließe ich die Kiste und gehe wieder nach oben.

Halloween

Heute ist Halloween. Ich komme schon verkleidet zum Dienst. Auch ohne das *Star-Wars*-Gewehr habe ich ein gutes Kostüm zusammengestellt. Auch die anderen vom Team sind schon verkleidet. Wir bewundern und loben gegenseitig unsere Kostüme.

Dann sehe ich Baby. Ihre Haare sind zu Locken gedreht. Aber sonst sieht sie aus wie immer. Sie deutet auf eine Tasche und erklärt, dass darin ihr Kostüm ist. Sie wird es erst später anziehen.

„Ich musste mir diesen beschissenen Film *Dirty Dancing* ansehen", flucht Baby.
„Damit ich weiß, wie diese Baby aussieht."
Sie macht eine Pause und sieht mich grimmig an.
„Du und Scarlett habt mich zu dieser Verkleidung gedrängt. Wenn du mich nachher im Kostüm siehst, dann wird es dir noch leidtun."

Es klingt wie eine Warnung. Aber wie meint sie das? Irritiert sehe ich ihr nach, wie sie an mir vorbeigeht.

Nach und nach kommen die Kunden in den Laden. Sie freuen sich über unsere Verkleidung. Besonders die Kinder zeigen begeistert auf uns. Dann steht Jana Schwartz vor mir an der Theke. Ich erinnere mich gut an ihr Gesicht. Sie ist die Frau von Marc

Schwartz, meinem früheren Psychiater. Ob Marc ihr von mir erzählt hat? Weiß Jana Schwartz, dass ich jahrelang in psychiatrischer Behandlung war?

Ich versuche, mich so normal wie möglich zu verhalten.
„Ihr Mann hat jetzt seine eigene Mitgliedskarte", sage ich zu ihr. Jana Schwartz lacht.
„Ja. Jetzt muss er seine Strafgebühren selbst zahlen, wenn er einen Film zu spät abgibt."

Jana sieht sich in der Videothek um.
„Heute geht es hier ja sehr lustig zu. Schau mal."
Sie deutet auf ein Mädchen.
„Ist ihre Verkleidung als Kürbis nicht süß?"

„Ist das Ihre Tochter?", frage ich.
„Oh, nein", sagt Jana schnell.
„Das Kostüm ist nur so süß. Ich habe keine Kinder."
Etwas Trauriges blitzt in Janas Gesicht auf.

„Entschuldigen Sie", sage ich schnell.
Ich war davon ausgegangen, dass sie Mutter ist. Alle erwachsenen Frauen, die ich kenne, sind Mütter.
„Kein Problem!"
Jana verabschiedet sich freundlich und geht.

Die Videothek ist inzwischen voller Menschen.
Unser Team hat alle Hände voll zu tun.

Wo ist Baby? Ob es ihr nicht gut geht? Ich gehe sie suchen und quetsche mich zwischen ein paar Kindern hindurch. Ich treffe Scarlett.
„Ich suche Baby. Weißt du, wo …?"

„Auf der Toilette. Sie zieht sich um."
Scarlett deutet auf die Tür neben uns.

Auf einmal dreht sich das Schloss in der Tür. Heraus kommt Baby. Fassungslos starre ich sie an.
Baby trägt weiße Turnschuhe und eine knielange Jeans. Darüber eine kurze weiße Bluse. Und dazwischen prangt ihr Bauch hervor. Ein ziemlich runder Bauch. Vor Schreck fällt mir eine Tüte mit Süßigkeiten aus der Hand. Baby ist schwanger.
Noch immer.

„Was ist das?" Scarlett zeigt auf Babys Bauch.
„Ich bin dick geworden." Baby zuckt die Schultern.
„Ich hätte mich mehr übergeben sollen."
„Du siehst schwanger aus", stellt Scarlett fest.
„Bravo." Baby klatscht zweimal in die Hände.
„Du bist ein richtiger Detektiv."
Ich bin so sprachlos, dass ich nur noch „Baby …" stammeln kann.

„Meinst du mich?", fragt Baby. „Oder das da?"
Sie deutet auf ihren Bauch und lacht.
„War nur ein Witz, Solo."

„Hör auf Witze zu machen“, sagt Scarlett. „Schwanger zu sein ist etwas sehr Ernstes.“

„Danke“, fährt Baby sie an. „Das weiß ist selber. Und zwar seit vier Monaten. Seit ich den Schwangerschaftstest gemacht habe.“

Endlich begreife ich, warum sie nicht verkleidet kommen wollte. Ich war ein Idiot.
„Baby, es tut mir wahnsinnig leid“, sage ich.

„Ich hab ja gesagt, dass es dir noch leidtun wird“, faucht Baby mich an.
Scarlett starrt uns an.
„Das Kind ist von dir?“, fragt sie mich fassungslos.
„Um Gottes Willen“, antwortet Baby statt mir. „Nein, es ist nicht von Solo.“

Mit diesen Worten lässt uns Baby stehen. Sie geht vom Flur in den Laden zu all den Kunden. Alle werden jetzt von Babys Schwangerschaft erfahren. Unser Team und die Kunden. Wahrscheinlich hätte Baby das Geheimnis gern noch eine Weile für sich behalten. Wahrscheinlich hätte sie es den Leuten gern persönlich gesagt. Und nur ich bin daran schuld, dass es jetzt alle auf einmal erfahren.

Dirty Dancing

In den nächsten Tagen macht mir mein schlechtes Gewissen schwer zu schaffen. Am liebsten möchte ich mich im Bett verkriechen. Meine Mutter macht sich Sorgen. Sie setzt sich zu mir und wir reden über meine Arbeit. Doch ich berichte ihr nichts von Baby. Dafür erfährt meine Mutter jetzt, dass wir alle in der Videothek Spitznamen aus Filmen haben. Ich erzähle ihr, dass ich Han Solo heiße.

Meine Mutter zieht ihre Hand von mir weg, als hätte ich sie gebissen.
„Warum machst du das, Joel?“, fragt sie bestürzt.
„Keiner braucht Erinnerungen an das, was in unserer Familie passiert ist. Keiner braucht Erinnerungen an *Star Wars*.“

„Sie haben mir den Namen gegeben“, lüge ich.
„Ich konnte nicht mitreden.“

Am Nachmittag liegt ein Umschlag mit meinem Namen vor unserer Tür. Darin ist eine Videokassette. Darauf klebt ein Zettel mit den Worten:
Du schuldest mir was. Sieh dir diesen Film an.

Auf der Kassette ist der Film *Dirty Dancing*.
Zum ersten Mal seit Tagen lächle ich.

Im Kino

Mir gefiel der Film *Dirty Dancing* nicht. Ich erzähle Baby davon. Dass wir hier einer Meinung sind, versöhnt uns wieder miteinander.

Nach Dienstschluss beschließen wir, zusammen ins Kino zu gehen. Baby überredet mich zu einer neuen Verfilmung von *Romeo und Julia*.

Es ist das zweite Mal, dass wir etwas gemeinsam außerhalb der Arbeit unternehmen. Das erste Mal war unser missglückter Ausflug ins *Headlights* gewesen. Als ich das ganze Lokal nach Crystal abgesucht habe.

Wir sitzen in den Kinosesseln und warten, dass der Film losgeht. Da deutet Baby mit einem Mal auf ihren Bauch.
„Weißt du, ich habe mich noch nicht entschieden. Vielleicht gebe ich das Kind zur Adoption frei. Vielleicht behalte ich es auch. Es ist eine schwere Entscheidung."

Nachdenklich sehe ich Baby an. Ich überlege, was ich darauf sagen kann. Doch da geht der Film schon los.

Ich weiß, dass die Geschichte von *Romeo und Julia* sehr berühmt ist. Viele Schüler lesen sie in der Schule.

Es geht darin um eine verbotene Liebe und um verfeindete Familien. Und am Ende sterben alle. Viel mehr weiß ich nicht. Eine ganze Weile schaue ich gespannt zu. Es geht mir gut. Doch plötzlich ändert sich das. Ich habe nicht gewusst, dass sich Romeo und Julia am Ende der Geschichte das Leben nehmen. Erinnerungen kommen in mir hoch. Der Film macht mir zu schaffen. Am Ende bin ich fix und fertig.

„Wow!“, sagt Baby, als der Film vorbei ist.
„Das war unglaublich!“
Als ich darauf nichts sage, fragt Baby:
„Wie fandest du den Film?“
„Grauenhaft!“ Mehr kann ich nicht sagen.
„Harte Worte“, stellt Baby fest. „Das ist der erste Film, zu dem wir verschiedene Meinungen haben.“

„Ich fasse es nicht“, sage ich.
„In der Schule müssen Kinder so etwas lesen? Das ist total verantwortungslos.“
Baby sieht mich verwirrt an.
„Verliebte Jugendliche nehmen sich das Leben“, sage ich scharf. „Jemand könnte das nachmachen.“

„So ein Quatsch“, entgegnet Baby.
„Es gibt viele Filme, in denen Selbstmord vorkommt.“
„Warum sind Romeo und Julia am Ende nicht einfach gemeinsam abgehauen?“, will ich wissen.
„Das wäre ein besseres Ende gewesen.“

Der Film wühlt etwas in mir auf. Ich kann mich kaum beruhigen. Wut steigt in mir auf. Ich balle meine Hand zur Faust und schlage mit aller Kraft gegen den leeren Sitz vor uns.

Baby sieht mich entsetzt an.
„Was zum Teufel war das denn?"
„Keine Ahnung", murmle ich.

„Doch", sagt sie. „Ich glaube, du hast sehr wohl eine Ahnung. Da gibt es irgendeine Geschichte in deiner Vergangenheit. Sie beschäftigt dich so sehr, dass du auf Kinosessel einschlägst. Was ist los mit dir?"
Sie starrt mich an. Doch ich sage nichts.

„Weißt du was?", redet Baby weiter.
„Ich habe keine Lust mehr, Solo. Du weißt so viel über mich und meine Probleme. Aber du weigerst dich, mir etwas über dich zu erzählen. Das ist eine vollkommen einseitige Freundschaft. Darauf habe ich keine Lust mehr. Du willst nicht, dass ich über deinen Mist Bescheid weiß? Na gut. Dann ist das so. Aber dann werde dir jetzt auch keine privaten Sachen mehr von mir erzählen. Reden wir ab sofort nur noch über oberflächliches Zeug."

Baby steht wütend auf und geht.
Ich bleibe allein zurück.

Kurse über Männlichkeit

Vor ein paar Jahren

Es ist noch nicht lange her, dass meine Mutter Crystals Sachen in meinem Schrank entdeckte. Meine Mutter dachte, es wären meine Sachen. Ich würde mich wie ein Mädchen anziehen und mir die Nägel lackieren.
„Das ist nicht normal“, hat sie mich angeschrien.
„Du bist krank!“

Kurze Zeit darauf bringen mich meine Eltern zum Kinderarzt. Der sagt: Dass ich Mädchenkleidung habe, ist ein Anzeichen, dass ich homosexuell werde. Meinen Eltern macht das Angst. Vor allem meiner Mutter. Sie meldet mich bei einem Club für Jungen an, der von der Kirche geleitet wird.

Bei den Club-Treffen lesen wir jedes Mal zuerst aus der Bibel. Den Rest der Zeit verbringen wir mit Holzhacken, An-Seilen-Hochklettern und Hindernisläufen. In den Pausen bekommen wir viel Fleisch zu essen. Diese Treffen sollen uns darauf vorbereiten, richtige Männer zu werden.

Später schicken mich meine Eltern zu anderen Kursen, die das gleiche Ziel haben. Dort erklärt man uns Jungs: Es ist normal, dass man als Junge Mädchen küssen und ihren Busen anfassen möchte.

Die Kursleiter zeigen uns Fotos von fast nackten Frauen. Und sie erklären uns Dinge, die wir später vielleicht einmal gerne mit Frauen tun möchten.

Ich finde die Kurse demütigend. Doch meiner Mutter sind sie wichtig. Denn sie möchte auf keinen Fall einen schwulen Sohn.

Wichteln

Seit der Sache im Kino hat sich die Freundschaft von Baby und mir verändert. Der Kinobesuch ist schon eine Weile her. Doch Baby spricht noch immer kaum mit mir. Und wenn, dann nur über unwichtige Sachen. So, wie sie es angekündigt hat.

Inzwischen hat die Adventszeit angefangen. Draußen ist es bitterkalt. Der Schnee knirscht unter den Schuhen.

Im Team beschließen wir zu wichteln. Das ist ein Brauch in der Vorweihnachtszeit. Man zieht ein Los und muss für denjenigen, der daraufsteht, ein Geschenk besorgen. Auf meinem Los steht der Pate. Soll ich mich darüber freuen oder ärgern? Ich weiß es nicht. Ich kenne den Paten kaum.

Später im Dienst fragt mich Baby, wen ich gezogen habe. Eigentlich soll das bis zur Übergabe des Geschenks ein Geheimnis bleiben. Doch ich zeige Baby das Los. Sie reißt gespielt die Augen auf.
„Ich fasse es nicht, dass du mir das verrätst.
Du erzählst mir doch sonst nie etwas, Solo."

Ihre Worte tun ein bisschen weh. Aber das sollten sie wohl auch.
„Wen hast du gezogen?", frage ich.

„Sag ich nicht."
Sie grinst und holt etwas aus ihrer Tasche hervor. Keinen Zettel. Sondern einen rosa Umschlag.
„Mach ihn auf."

Im Umschlag ist eine Karte. Es ist eine Einladung.
„Meine Mutter und ihr Freund laden dich zu ihrer Hochzeit ein", erklärt Baby.
Überrascht sehe ich sie an.
„Aber ich habe deine Mutter nur einmal gesehen!"

„Du bist als mein Begleiter eingeladen", erklärt Baby. Dann zeigt sie auf ihren runden Bauch.
„Meine Mutter hat gefragt, ob das Kind von dir ist. Ich habe gesagt, natürlich nicht. Da war sie irgendwie enttäuscht."

Ich grinse Baby an.
„Sag ihr, ich fühle mich geschmeichelt. Deine Mutter weiß jetzt also über die Schwangerschaft Bescheid?"

„Ja. Sie hat mir keinen Vorwurf gemacht. Das ist ein Vorteil, wenn die eigene Mutter selbst so jung ein Kind bekommen hat. Zwischen mir und ihr ist alles in bester Ordnung."

Ob die Einladung zur Hochzeit so etwas wie ein Friedensangebot ist?

Ich sehe Baby an. „Und bei uns?
Ist zwischen uns auch wieder alles in Ordnung?“

„Wir haben uns ja nie gestritten“, stellt Baby fest. „Du hattest einen Streit mit dem Kinosessel. Und wolltest mir nichts dazu erklären. Jetzt reden wir eben nur noch über oberflächliche Sachen.“

Babys Worte tun weh. Ich merke, wie sehr mir eine echte, tiefe Freundschaft fehlt.

Das Konzert

Vor ein paar Jahren

Eines Tages kaufe ich für Crystal und mich Karten für ein Konzert von Bon Jovi.
„Ist das dein Ernst?" Crystal strahlt mich an.
„Du gehst mit mir zu Bon Jovi? Zu meiner Lieblingsband? Das ist ja unglaublich!"

Das Konzert findet in einem Stadion statt, das etwa 25 Kilometer von zu Hause weg ist. Zu weit, um mit dem Fahrrad hinzufahren. Ich bin mir sicher, dass mich meine Eltern nicht hinfahren würden. Denn ich bin erst 13 Jahre alt. Und es geht kein Erwachsener mit zum Konzert. Also muss ich mir einen Plan überlegen, wie ich hinkomme.

Zum Glück hat mein Cousin Devin gerade seinen Führerschein gemacht. Er fährt mich zum Stadion. Um zehn Uhr am Abend holt er mich wieder ab, verspricht er.

Kaum ist Devin weg, treffe ich Crystal. Es ist Anfang März und noch ziemlich kalt. Trotzdem trägt sie nur ihr grünes Kleid, ohne eine Jacke darüber.
Sie umarmt mich gutgelaunt.

Ich finde Bon Jovi nicht so toll. Aber die Show ist cool, muss ich zugeben: Rauch und bunte Lichter.

Und richtig laute Gitarren. Neben mir schreit sich Crystal die Lunge aus dem Hals. Sie tobt und grölt jedes Lied mit. Ich sehe, wie glücklich Crystal ist. Und ich selbst bin es auch. Es gibt kaum ein Wort, das mein Glück an diesem Abend beschreiben könnte.

Um kurz vor zehn sehe ich auf die Uhr. Ich sollte gehen. Devin wartet sicher schon.
Doch Crystal sagt: „Sie haben *Livin' on a Prayer* noch nicht gespielt. Ihr bestes Lied. So lange musst du noch bleiben."
Und ich bleibe.

Um Viertel vor zwölf endet das Konzert. Crystal sieht mich mit strahlenden Augen an.
„Das war der allerbeste Abend meines ganzen Lebens. Vielen Dank, Joel."
Wir verabschieden uns. Und ich sehe ihr nach, wie sie in der Menschenmenge verschwindet.

Kurz darauf treffe ich meinen Cousin Devin. Neben ihm stehen meine Mutter, meine Tante Denise und ein Polizist. Sie alle haben mich gesucht. Meine Mutter ist wütend und besorgt zugleich.

Am nächsten Tag bringen meine Eltern mich in die Psychiatrie.

Das Geschenk

Einen Tag vor Weihnachten feiern wir im Team eine kleine Feier. Wir sitzen im Pausenraum. Es gibt Kekse und andere leckere Sachen.

Meine erste normale Weihnachtsfeier an meinem ersten normalen Arbeitsplatz. Es ist ein besonderer Moment für mich. Und ich genieße ihn sehr.

Heute verteilen wir unsere Wichtelgeschenke. Poppins beginnt mit ihrer Übergabe. Sie überreicht Hannibal eine Schachtel.

„Cool, du bist mein Wichtel? Das hätte ich nicht geraten“, sagt er und öffnet das Paket. Darin ist ein orangefarbener Bär. Das Symbol seiner Lieblingsband Greatful Dead.
„Wahnsinn!“, freut sich Hannibal.

Als nächstes ist Hannibal dran. Er gibt sein Paket an Scarlett. Es ist eine Flasche edler Whiskey. Scarlett hält sie hoch und zeigt sie allen.

Ob Scarlett wohl mein Wichtel ist? Die ganzen letzten Wochen habe ich schon darüber gegrübelt, wer wohl mein Wichtel ist. Ich beobachte, wie sie ihr Päckchen hervorholt. Aber sie gibt es nicht mir, sondern Baby. Es ist ein Buch.

„50.000 Namen für dein Baby“, liest Baby vor. Ihr Bauch ist in den letzten Wochen ziemlich groß geworden, fällt mir jetzt auf. Freut sich Baby über das Buch? Ich kann es schwer einschätzen. Zumindest bedankt sie sich kurz. Dann kramt sie ihr Geschenk hervor. Ich warte darauf, dass sie es mir gibt. Doch Baby sieht Maverick an. Und kurz darauf packt er einen Schal aus.

Jetzt haben nur noch Maverick, der Pate und ich noch kein Geschenk verteilt.

Maverick nimmt ein großes Paket vom Sofa und bringt es zum Tisch.
„Frohe Weihnachten, Solo“, sagt er und stellt das Paket vor mich. Überrascht sehe ich ihn an. Irgendwie hatte ich nie daran gedacht, dass er mein Wichtel sein könnte.

Ich öffne den Karton und nehme das Geschenk heraus. Sprachlos starre ich es an. Es ist ein Bild. Gemalt mit Tusche und Wasserfarben. Darauf abgebildet ist eine Szene aus *Star Wars*. Im Hintergrund schießende Laser und Raumschiffe. Im Vordergrund stehen mehrere *Star-Wars*-Figuren. Ganz unten steht der Titel einer *Star-Wars*-Folge: *Die Rückkehr der Jedi-Ritter*. Erst als ich genauer hinschaue, merke ich: Dort steht nicht *Jedi-Ritter*, sondern *ROYO-Ritter*. Wie *ROYO-Video*.

„Das ist unglaublich“, sage ich.
„Schau genau hin“, fordert mich Maverick auf.

Ich sehe mir die Figuren genauer an. Erst jetzt bemerke ich, dass Han Solo auf dem Bild so aussieht wie ich. Auch in den anderen Figuren erkenne ich bekannte Gesichter wieder. Maverick hat unser gesamtes Team als *Star-Wars*-Figuren gemalt. Alles ist unglaublich gut und genau gemalt.

Auch die anderen sind begeistert. Poppins deutet auf Obi-Wan und ruft: „Oh mein Gott, das bin ja ich!“
„Und ich bin Darth Vader“, stellt der Pate fest.
„Wer ist Prinzessin Leia?“, fragt Starlett.
Das ist Baby, erkenne ich. Auf dem Bild steht sie direkt neben mir.

„Hast du das gemalt?“, frage ich Maverick voller Bewunderung.
Er nickt. Ich bin sprachlos und so gerührt, dass mir beinahe die Tränen kommen. Dieses Bild ist das tollste Geschenk, das ich je bekommen habe.
„Es ist großartig!“, stammle ich. „Danke.“

Anschließend gebe ich dem Paten mein Geschenk. Ein schwarzer Lippenstift. Zum Glück gefällt er ihr. Danach löst sich die Feier auf. Alle fahren nach Hause.
„Das Bild von Maverick ist unglaublich“, sage ich auf dem Weg zum Auto zu Baby.

„Ja, das ist es", gibt Baby mir recht. „Maverick sollte Künstler werden."

„Seltsam, dass sich Maverick so viel Mühe für mein Geschenk gemacht hat", denke ich laut nach. „Ich meine, wenn man das Bild mit den anderen Geschenken vergleicht."
„Ich verstehe es schon, warum er sich so bemüht hat", meint Baby.
Ich bleibe stehen. „Wieso?"
„Ach komm schon, Solo. Das ist doch klar."
„Was?" Ich habe keine Ahnung, was Baby meint.

„Na, komm", sagt Baby. „Tu nicht so. Du weißt es. Oder nicht? Dass er ... nicht auf Mädchen steht."
„Was?", rufe ich. „Das glaube ich nicht. Wie kommst du darauf? Hat er dir erzählt, dass er schwul ist?"

„Nein, aber ..." Baby zuckt die Schultern.
„Dann weißt du es also gar nicht", entgegne ich. „Du bist nur gemein."
„Warum ist es gemein, wenn ich sage: Jemand ist schwul?", fragt Baby.
„Weil du ein Gerücht in die Welt setzt", sage ich. „Und so ein Gerücht kann jemandem das Leben versauen."
„Wenn Maverick in dich verknallt wäre: Welches Leben wär dann versaut – seins oder deins?"
„Das verstehst du nicht", seufze ich.

Ich denke an meine Eltern und an die vielen Kurse, in die sie mich geschickt haben. Ich denke an ihre Angst, dass ihr Sohn schwul sein könnte.
„Das kann überhaupt nicht sein, dass Maverick auf mich steht", sage ich.

„Wieso? Hast du was gegen Typen aus Puerto Rico? Oder gegen Typen mit dunkler Hautfarbe?"
Baby schaut mich herausfordernd an.
„Was? Nein!", sage ich entrüstet. „Ich will einfach nicht, dass irgendein Typ auf mich steht."
Baby schnaubt verächtlich.
„Mein Gott, Solo. Ich hätte dich nicht für so schwulenfeindlich gehalten."
Ich frage entrüstet:
„Hast du etwa gedacht, ich wäre schwul?"
Baby lacht auf.
„Nein. So, wie du Scarlett immer hinterherschaust, nicht. Mir ist komplett klar, dass du auf Mädchen stehst. Aber Maverick ist ein super Typ. Du könntest dich einfach geschmeichelt fühlen."

Mit diesen Worten verabschieden wir uns. Ich steige in mein Auto und fahre völlig aufgebracht nach Hause.

Ein schlimmer Traum

Zu Hause wird mir klar: Ich muss Mavericks Bild verstecken. Erstens sind in unserer Familie seit vielen Jahren alle *Star-Wars*-Sachen verboten. Zweitens: Meine Eltern würden Fragen stellen. Über das Bild und über Maverick. Ich bringe das Bild in mein Zimmer und verstecke es ganz hinten in meinem Schrank.

Noch am selben Abend werde ich krank. Ausgerechnet einen Tag vor Heiligabend. Mein Hals schmerzt und mein Kopf ist heiß. Ich gehe früh zu Bett. Doch ich schlafe schlecht. Unruhig wälze ich mich hin und her. Ich träume von Crystal. Sie ist bei mir und wir reden über *Star Wars*.

„*Star Wars* ist verboten“, sage ich zu ihr.
„Und ich bin verrückt, behauptet meine Mutter.“

„Du bist nicht verrückt“, sagt Crystal im Traum. „Deine Mutter ist die, die das eigentliche Problem hat. Ihr Problem ist die Angst. Sie hat Angst, wenn ein Junge mit Puppen spielt. Angst, dass ihr Sohn Kleider anzieht oder schwul ist. Wegen dieser Angst trifft sie ständig falsche Entscheidungen.“

Nach einer Weile verändert sich der Traum. Jetzt bin ich am Strand. Unter meinen Füßen ist Sand.

Die Sonne scheint. Ich höre Crystals Stimme. Aber ich kann sie nirgends sehen. Ich suche überall nach ihr. Auch im Wasser.

Ich tauche mit dem Kopf unter. Dort ist Crystal. Sie ist bis zur Hälfte im sandigen Meeresboden versunken. Und sie sinkt immer tiefer ein. Schnell schwimme ich zu ihr hin. Ich erwische ihr Haar. Als ich daran ziehe, geht es aus. Haarbüschel für Haarbüschel. Bis kaum noch etwas übrig ist. Jetzt sieht Crystal ganz anders aus. Wie mein toter Bruder.

Mit einem Ruck wache ich auf. Mein Herz rast. An meiner Haut klebt kalter Schweiß.

Doktor Schwartz

Am nächsten Tag fühle ich mich noch immer schlecht. Ich gehe nach unten, um zu frühstücken.

„Wie siehst du denn aus?", fragt meine Mutter.
„Ich bin krank", erkläre ich.
„Oh", meint meine Mutter.
„Dein Vater und ich wollten heute gemeinsam mit dir ins Einkaufszentrum fahren. Daraus wird dann wohl nichts."

Nein, daraus wird nichts. Stattdessen lege mich aufs Sofa und schalte den Fernseher ein. Stundenlag sehe ich fern, während meine Eltern einkaufen sind.

Irgendwann am Nachmittag läutet das Telefon. Meine Mutter ist dran. Sie fragt, wie es mir geht. „Wir sind gerade mexikanisch essen", erklärt sie. „Sollen wir dir was mitbringen?"

Ich lehne ab. Ich habe keinen Appetit.
Meine Mutter erzählt gutgelaunt weiter:
„Übrigens haben wir im Einkaufszentrum einen deiner alten Ärzte getroffen: Marc Schwartz. Er war dort mit seiner Frau und seiner jugendlichen Tochter essen. Stell dir vor: Die Kleine ist schwanger. Offenbar haben auch Psychiater größere Probleme

mit ihren Kindern. Aber jetzt muss ich auflegen. Das Essen kommt gerade. Bis später."

Mein Gehirn beginnt zu arbeiten: Marc Schwartz. Seine Frau. Eine schwangere jugendliche Tochter?

Hat Jana Schwartz nicht neulich gesagt, dass sie und Marc gar keine Kinder haben? Wer war dann die schwangere Jugendliche? Etwa Baby? Baby kennt die Schwartzens aus der Videothek. Doch warum hat sie sich mit ihnen getroffen?

Meine Gedanken überschlagen sich. Ich erinnere mich an den Dienst, als Marc in der Videothek sein eigenes Konto eröffnet hat. Marc hat seinen Ausweis nicht gefunden. Stattdessen hat er uns seine Visitenkarte gezeigt. An diesem Tag hatte ich mit Baby Dienst. Hat Baby alles gelesen, was auf der Visitenkarte stand? Dann weiß sie, dass Marc ein Psychiater ist.

Hat sich Baby mit ihm getroffen, um mit ihm über mich zu reden? Um herauszufinden, was meine Macke ist? Panik steigt in mir auf. Ich schnappe mir den Autoschlüssel und verlasse das Haus.

Beim Parkplatz vorm Einkaufszentrum kann ich Babys Auto nicht finden. Daher fahre ich zu ihr nach Hause. Zum Glück steht ihr Auto in der Einfahrt.

„Was machst du hier?“, begrüßt mich Baby.
„Und wo ist deine Jacke? Es ist eiskalt draußen.“

Sie zieht mich ins Haus. Ich hatte bis jetzt nicht gemerkt, dass ich friere. Und dass mir schwindelig ist. Ich sehe Baby nur verschwommen.

„Hast du dich heute mit Marc Schwartz getroffen?“, platzt es aus mir raus.
„Bitte sag, dass es nicht stimmt.“

„Was?“ fragt Baby erschrocken.
Meine Stimme zittert.
„Ich muss wissen, worüber ihr geredet habt.“
Meine Knie zittern. Ich schaffe es gerade noch zum Sofa.

Baby sieht mich fassungslos an.
„Woher weißt du, dass ich mich heute mit Marc Schwartz getroffen habe?“

„Du hast dich also wirklich mit Marc getroffen? Ach du Scheiße!“, jammere ich.
„Meine Mutter hat es mir erzählt. Sie hat euch im Einkaufszentrum gesehen. Aber ich war mir nicht sicher, ob das wirklich du warst.“

„Ich kapiere überhaupt nichts mehr“, sagt Baby.
„Deine Mutter? Die kennt mich doch gar nicht.“

„Nein, aber sie hat von einer schwangeren Jugendlichen erzählt. Die sich mit Marc Schwartz unterhalten hat. Und da habe ich auf dich getippt. Bitte, Baby. Ich muss genau wissen, worüber ihr gesprochen habt."

Baby kneift die Augen zusammen.
„Hast du sie noch alle?"

„Hat er dir von meiner Macke erzählt?"
Beinahe flehe ich Baby an:
„Bitte, glaub nicht alles, was Marc gesagt hat. Hör dir zuerst meine Seite an."

„Deine Seite? Deine Macke?"
Baby und ich sehen uns an. Und da begreife ich. Mein Mund wird staubtrocken.
„Ihr habt heute gar nicht über mich geredet, oder?"

Baby schüttelt langsam den Kopf.
„Wieso sollten wir?"

Meine Macke

Ich wiege meine Möglichkeiten ab: Ich kann Baby nichts sagen und weiterhin über meine Macke schweigen. Dann aber werde ich Baby verlieren. Oder ich erzähle ihr jetzt alles. Und verliere sie trotzdem, weil sie mich für völlig verrückt hält. Ich entscheide mich für das Erzählen. Denn vielleicht gibt es ein klein wenig Hoffnung, dass Baby danach doch noch mit mir befreundet sein möchte.

Ich fange mit dem Brennofen an. Ich erzähle von der Schachtel, die ich im Brennofen gefunden habe. Ich erzähle, wie Crystal in meinem Schrank aufgetaucht ist. Vom Umzug von Virginia nach Michigan. Und dass Crystal mitgekommen ist. Wie meine Mutter ihre Sachen fand und wütend wurde. Ich erzähle vom Bon-Jovi-Konzert. Und von meiner Zeit in der Psychiatrie. Von dem Schlimmen erzähle ich nichts. Noch nicht, denke ich mir. Nicht alles auf einmal. Baby hört schweigend zu. Sie stellt keine Fragen. Am Ende meiner Geschichte bin ich völlig erschöpft. Vorsichtig sehe ich zu Baby. Aber sie sagt kein Wort. Als ihr Schweigen für mich unerträglich wird, frage ich: „Soll ich jetzt gehen?“

„Willst du denn gehen?“, fragt Baby.
„Ich denke, wir reden irgendwann weiter“, schlage ich vor.

„Okay“, sagt Baby nur.
Sie steht auf und begleitet mich zur Tür.

Babys Schweigen klingt mir noch Stunden später in den Ohren. Als ich abends im Bett liege, geht mir das Gespräch immer wieder durch den Kopf.

Ich fühle mich so krank, dass ich den ganzen Heiligabend im Bett verbringe.

Eigentlich war es klar, dass Baby so auf Crystal reagiert. Wahrscheinlich hätte jeder normale Mensch so reagiert. Doch ich hatte mir gewünscht, dass dieses Gespräch besser läuft. Ich hatte es mir so sehr gewünscht. Aber es war anders gekommen. Und jetzt tut es weh. So sehr, dass es mir fast den Magen umdreht. Ich hätte lügen sollen.

Aber ich habe nicht gelogen. Tief in mir drin weiß ich auch, warum: Weil ich eine richtige Freundschaft will. Mit Gesprächen, die weitergehen als oberflächliches Gerede. Mit Vertrauen und Nähe. Das alles will ich mit Baby. Ich will jemanden, mit dem ich echt sein kann. So, wie ich bin. Mit meiner Macke.

Deshalb habe ich die Wahrheit gesagt.
Aber Baby schweigt. Und das tut so weh.

Weihnachten

Als ich am 25. Dezember morgens aufwache, geht es mir besser. Zumindest körperlich.

Unter dem Weihnachtsbaum liegen jede Menge Geschenke. Es herrscht eine harmonische Stimmung. Meine Eltern sind besonders nett heute. Den ganzen Tag sind wir zusammen im Haus. Wir unterhalten uns und machen gemeinsam ein Puzzle. Doch ständig muss ich an das Gespräch mit Baby denken. Warum hat sie nichts gesagt?

Am Abend sitzen wir am Tisch. Wir haben gerade gegessen, als es an der Haustür klopft. Meine Eltern und ich sehen uns überrascht an.

„Wer kann das sein?“, fragt mein Vater.
Er geht zur Tür. Kurz darauf höre ich ihn sagen:
„Kann ich Ihnen helfen, junge Frau?“

„Äh, ja“, antwortet eine vertraute Stimme. Es ist Babys Stimme.
„Tut mir leid, wenn ich Sie an Weihnachten störe. Aber könnte ich bitte kurz mit Joel sprechen?“

Sofort eile ich zur Tür. Gefolgt von meiner Mutter. Meine Eltern sehen neugierig von mir zu Baby. Dann zu Babys Bauch.

„Darf ich euch Nicole vorstellen? Sie arbeitet mit mir in der Videothek", sage ich. „Und ich bin nicht der Vater, falls ihr das jetzt denkt."

Meine Eltern reichen Baby die Hand.
„Willst du nicht reinkommen?", bietet meine Mutter Baby an. Doch ich sage schnell:
„Nicole und ich gehen spazieren."
Ich möchte mit Baby alleine reden. Ohne dass meine Eltern lauschen. Ich möchte wissen, warum sie hier ist.

Ich ziehe Schuhe und Jacke an. Mit schnellen Schritten laufe ich los. Baby atmet schwer neben mir.
„Hast du vergessen, dass ich schwanger bin", keucht sie.
„Tut mir leid", sage ich. „Aber ich wollte schnell weg von meinen Eltern."

Eine Weile gehen wir schweigend nebeneinander her. Warum ist Baby heute Abend hergekommen? Als einziger logischer Grund fällt mir ein: Sie möchte mir sagen, dass wir nicht mehr befreundet sein können. Und auch nicht mehr zusammen arbeiten können. Ich sage, was mir den ganzen Tag schon durch den Kopf geht:
„Ich werde nächste Woche kündigen."
Baby sieht mich verblüfft an.
„Du kündigst? Warum?"

Ich seufze. „Naja. Schließlich können wir nicht mehr zusammen arbeiten."
„Was? Warum nicht?", fragt Baby.
Ich antworte: „Jetzt tu nicht so, als hättest du kein Problem mit unserem Gespräch von gestern Abend. Es ist also besser, wenn ich gehe. Dann können wir so tun, als wäre gestern Abend nie passiert."

„Willst du das?", fragt Baby und fährt fort:
„Ich will das nicht."
„Aber warum bist du dann heute Abend hier hergekommen?", frage ich erstaunt.

„Oh Mann, Solo", seufzt Baby. „Es gibt unendlich viele Gründe, warum ich dich heute sehen wollte. Und du gehst automatisch davon aus, dass ich dich aus meinem Leben schmeißen will. Manchmal bist du echt anstrengend. Ich bin gekommen, um dir von meiner Mutter Kekse zu bringen."

Erst jetzt fällt mir auf, dass sie eine Schachtel dabei hat. Sie öffnet sie und hält sie mir entgegen. Dankbar greife ich hinein und nehme einen Keks. Ich merke, wie sich meine Anspannung löst.

„Ich weiß, ich habe gestern Abend doof reagiert", redet Baby weiter. „Das tut mir leid. Ich wusste nicht, was ich sagen sollte. Weil ich so überrumpelt war. Und ich hatte ein total schlechtes Gewissen."

„Warte mal“, unterbreche ich Baby. „Du hattest ein schlechtes Gewissen?“

„Ja. Weil ich dich in den letzten Wochen dazu gedrängt habe, mir von deiner Vergangenheit zu erzählen. Ich bin davon ausgegangen, dass du Probleme hast wie andere Jugendliche auch. Krach mit den Eltern. Oder Liebeskummer.“
Baby seufzt.
„Ich weiß nicht, was gestern Abend richtig gewesen wäre. Wahrscheinlich wäre alles besser gewesen, als überhaupt nichts zu sagen. In Wirklichkeit habe ich so viele Fragen. Aber ich weiß nicht, was ich fragen darf. Und was zu wenig feinfühlig ist. Oder ob ich überhaupt irgendwas fragen darf.“

Das hatte ich nicht erwartet. Ich hätte niemals gedacht, dass Baby noch mehr über meine Macke wissen möchte.

„Weißt du“, sagt Baby. „Seit du mir von Crystal erzählt hast, bist du ungefähr eine Million Mal interessanter geworden. Ich wollte immer mal einen Geist sehen. Und du hast einen gesehen.“

Ich lächle schief. „Du glaubst, Crystal ist ein Geist?“
„Was denn sonst?“, meint Baby.
„Eine psychische Störung. So nennen es die Ärzte.“
„Nein“, meint Baby entschlossen.

„Ich glaube, sie ist ein Geist. Überleg mal, Solo.
Es gibt so viele Filme über Geister. Glaubst du nicht, dass ein paar davon die Geschichte von einem echten Ereignis erzählen?"
Baby lächelt.
„Lass uns all diese Filme gemeinsam ansehen.
Und dann lösen wir das Geheimnis um Crystal."

„Du willst also noch immer mit mir befreundet sein?", frage ich vorsichtig.
„Du findest Crystal nicht abschreckend?"

„Du bist der beste Freund, den ich habe. Ich werde mich nicht von dir abwenden, nur, weil du ein bisschen kompliziert bist."

Als ich das höre, hüpft mein Herz vor Freude.
„Du bist auch meine beste Freundin", sage ich.
Diese Worte auszusprechen ist fast so schön, wie sie von Baby zu hören.

Beste Freunde

Nach Weihnachten verbringen Baby und ich viel Zeit zusammen. Es sind die besten Wochen meines Lebens. Unsere Kollegen vermuten, dass wir ein Paar sind. Doch wir erklären ihnen, dass wir nur gute Freunde sind.

Oft schauen wir gemeinsam Videos. Oder wir treffen uns im *Headlights*. Wir essen dort etwas, besprechen Filme oder reden über andere Dinge. Manchmal sprechen wir über Crystal. Aber nicht nur. Sie ist nicht der Mittelpunkt unserer Freundschaft. Doch es ist gut, dass ich mein Problem jetzt nicht mehr vor Baby verstecken muss. Dadurch ist das Riesenproblem auch nicht mehr so riesig.

Das Leben macht mehr Spaß, wenn man es mit jemandem teilt. Besonders, wenn der Jemand über deine Macke Bescheid weiß und dich trotzdem mag.

An einem Abend sitzen wir wieder gemeinsam im *Headlights*. Davor haben wir uns einen Geisterfilm angesehen.

Da meint Baby: „Für mich ist immer noch klar, dass Crystal ein Geist ist. Nur: der Geist von wem?"
„Muss ich die Antwort kennen?", frage ich.

„Du hast ja mal in Virginia gewohnt“, meint Baby. „Und dort ist Crystal zum ersten Mal aufgetaucht. Gab es in Virginia vielleicht ein Mädchen namens Crystal, das gestorben ist? Ein ungeklärter Mord oder sowas? Ein verschollenes Mädchen?“

Ich schüttle den Kopf. Mir fällt nur mein Bruder ein, der in Virginia gestorben ist. Aber ich bin noch nicht so weit, um Baby von ihm zu erzählen.

Baby seufzt.
„Wenn wir bloß wüssten, wer Crystal war.
Dann könnten wir leichter verstehen, warum sie ausgerechnet dich immer wieder besucht hat.“

Eine Kellnerin kommt und stellt zwei Teller mit Burgern und Pommes vor uns auf den Tisch. Hungrig beginnen wir zu essen. Dabei sehe ich zur Bar und entdecke Kat, Babys Mutter. Mir fällt ein: „Bei der Hochzeit von deiner Mutter und ihrem Freund. Was soll ich da anziehen?“

Baby kaut und schluckt.
„Einen Anzug wahrscheinlich. Hast du so was?“
Das hatte ich nicht. Seit dem Schlimmen hatte ich keinen Anzug mehr getragen.
„Ich finde schon irgendwas“, meine ich.
„Ich ziehe ein rosa Kleid an“, sagt Baby.
„Falls das für dich eine Rolle spielt.“

Sie macht eine Pause, dann meint sie:
„Bis dahin werde ich noch dicker sein als jetzt. Der Geburtstermin ist Ende Februar. Aber der Arzt sagt: Bei Frauen in meinem Alter kommt das Baby meistens etwas später."

„Gibt es irgendwelche Warnzeichen?", frage ich. Denn mir fällt ein: Vielleicht bin ich gerade mit Baby zusammen, wenn die Wehen einsetzen.

Sie zuckt die Schultern.
„Ich schätze, wahnsinnige Schmerzen."
Baby macht eine nachdenkliche Pause.
„Ich habe übrigens eine Zusage für das College in New York bekommen."

„Oh!", sage ich. „Glückwunsch!"
Vor einiger Zeit hat Baby mir schon erzählt, dass sie sich bei dem College beworben hat.

„Ich konnte mich lange nicht entscheiden, ob ich das Kind behalten möchte", erzählt Baby weiter. „Aber jetzt ist die Zusage vom College gekommen. Außerdem habe ich ein Ehepaar gefunden, das das Kind gerne adoptieren würde. Ich habe das Gefühl: Das Paar wäre super als Eltern. Sie haben gesagt: Durch die Adoption würde für sie ein Traum wahr. Ich wünsche diesem Kind genau solche Eltern. Eltern, für die mit dem Kind ein Traum wahr wird."

Baby macht eine kurze Pause. Dann sagte sie: „Es wird eine offene Adoption. Das heißt: Ich kann im Leben des Kindes eine Rolle spielen. Wie eine coole Tante, die alle paar Monate zu Besuch kommt. So kann ich mein Leben leben. Und trotzdem mein Kind kennenlernen."

„Das klingt gut", sage ich.
„Für euch alle. Für das Kind, für die Adoptiveltern und für dich."

Star Wars

Vor ein paar Jahren

Im Jahr 1984 bekommt unsere Familie an Weihnachten ihren ersten Video-Recorder. Meine Eltern hatten monatelang dafür gespart. Unsere erste Videokassette ist: *Star Wars – Krieg der Sterne*.

Es ist ein aufregender Moment. Wir alle sitzen auf dem Sofa. Es gibt Popcorn aus richtigen Popcorn-Schachteln. An diesem Weihnachten sehe ich *Star Wars* zum ersten von vielen Malen.

In den nächsten Monaten werden alle in unserer Familie große *Star-Wars*-Fans. Ständig reden wir zu Hause über *Star Wars*. Wir sprechen Szenen aus den Filmen nach. Oder machen Witze, die mit *Star Wars* zu tun haben. *Star Wars* wird für uns zu einer großen Sache. Zu einer wichtigen Zutat in meiner Kindheit. Ich fühle mich immer noch mit *Star Wars* verbunden.

Doch dann passiert das Schlimme. Und meine Mutter verlangt, dass wir *Star Wars* aus unserem Leben streichen.

Schlechte Neuigkeiten

Anfang Februar gehen meine Eltern mit mir einen Anzug für die Hochzeit kaufen. Ich hatte ihnen von der Einladung von Babys Mutter erzählt. Es ist schon lange nicht mehr vorgekommen, dass wir alle drei etwas zusammen unternehmen.

Im Geschäft hält mir meine Mutter verschiedene Anzüge hin. „Lieber grau oder lieber blau?"
Im Grunde ist es mir egal. Hauptsache ein Anzug.
„Craig, was meinst du?", fragt sie meinen Vater.

Doch mein Vater scheint mit seinen Gedanken anderswo zu sein. Überhaupt kommt er mir in letzter Zeit verändert vor. Abwesend und in Gedanken versunken. Abends ist er oft weg.

„Welche Farbe hat denn Nicoles Kleid?", will meine Mutter wissen. „Wir suchen am besten eine dazu passende Krawatte aus."
„Rosa", erkläre ich.
„Na, eine rosa Krawatte ziehst du nicht an", meint meine Mutter, als wäre das eine Sünde.
„Rosa ist eine Mädchenfarbe. Dann eben doch etwas anderes."

Anschließend gehen wir in ein Lokal. Wir setzen uns. Eine Kellnerin nimmt die Bestellung auf.

Kurz darauf bringt sie die Getränke. Meine Mutter zündet sich eine Zigarette an und fragt:
„Wie läuft es eigentlich so bei dir, Joel?"

Ich nehme einen Schluck von meiner Cola.
„Ehrlich gesagt: Es geht mir so gut wie seit ..."
Ich mache eine Pause. „... wie seit Virginia nicht mehr."

Meine Eltern wirken sehr erleichtert.
„Das haben wir uns schon gedacht. Du kommst uns glücklicher vor", sagt mein Vater.
„Die Arbeit bei *ROYO Video* tut dir also gut."
Ich nicke.

Meine Mutter sieht meinen Vater an. Es ist ein besonderer Blick. Voller Entschlossenheit.
„Da ist etwas, das dein Vater und ich mit dir besprechen möchten. Wir finden: Weil es dir jetzt so gut geht, werden wir dich jetzt einweihen."

„Okay ...", sage ich langsam. „Was ist los?"
Mein Vater rutscht nervös auf seinem Stuhl herum.
Dann holt er tief Luft.
„Also, deine Mutter und ich sind uns einig:
Wir werden uns trennen."

„Was? Warum?" Ich fühle mich völlig überrumpelt.
„Wir denken schon länger darüber nach",
sagt meine Mutter.

Ich bin völlig verwirrt. Das alles kommt so plötzlich. Ich hatte nicht gemerkt, dass es zwischen meinen Eltern nicht mehr passt.

„Ehrlich gesagt, haben wir das schon vor langer Zeit entschieden", gesteht mein Vater.
„Aber zu diesem Zeitpunkt ging es dir noch sehr schlecht. Da warst du noch mitten in deiner Krise."
Ich sehe meine Eltern fassungslos an.

„Wir wollten dich erst einweihen, wenn es dir wieder gut geht", redet mein Vater weiter.
„Deshalb haben wir die ganze Zeit noch zusammengewohnt. Statt auszuziehen, bin ich nur ins Gästezimmer gezogen. Damit der Alltag weiterhin so normal wie möglich für dich ist."

„Normal?", schreie ich.
„Eltern verheimlichen ihrem Kind, dass sie sich trennen? Was ist daran normal? Wie lange wisst ihr das schon?"
„Drei Jahre", erklärt meine Mutter.
„Ihr habt euch vor drei Jahren getrennt und mir nichts gesagt? Ich fasse es nicht."
Meine Mutter seufzt.
„Wir haben mit unserer Beziehung so lange durchgehalten, wie es ging, Joel. Aber du weißt, was unsere Familie durchgemacht hat. Die allermeisten Ehen überstehen es nicht, wenn so etwas wie das

Schlimme passiert. Irgendwann mussten wir uns eingestehen, dass unsere Ehe es auch nicht überstanden hat."

Meine Eltern erklären mir: In den nächsten Wochen wird mein Vater ausziehen. Zu seiner Freundin, die er jetzt schon eine ganze Weile hat. Und ich soll bei meiner Mutter im Haus wohnen bleiben.

Mit diesem ganzen Chaos in meinem Kopf fahren wir nach Hause.

Unerträgliches Warten

Ich will Baby erzählen, was passiert ist. Es würde guttun, die blöden Neuigkeiten jemandem zu erzählen. Doch ich erreiche Baby am Telefon nicht. Ich muss auf den nächsten Tag warten.

Schon zwei Stunden vor Dienstbeginn bin ich in der Videothek. Ich kann es kaum erwarten, Baby endlich zu sehen. Blöderweise hat sie Spätschicht. Damit die Zeit schneller vergeht, putze ich den Laden. Überall. Die Regale und Schränke. Sogar unter der Theke.

Um zehn Uhr schließe ich die Eingangstür auf. Doch heute ist Montag. Es kommen kaum Kunden. Ich beschließe, mir im Pausenraum einen Film anzusehen. Einen Actionfilm, der mich ablenkt. Ich sehe die Regale durch. Mein Blick bleibt an einer Reihe von Filmen hängen: Alle Folgen von *Star Wars*.

Mir wird heiß. Meine Lieblingsfilme. Doch ich habe sie seit zehn Jahren nicht gesehen. Weil meine Mutter sie verboten hatte. Und wegen der schmerzenden Erinnerungen. Ich greife nach einem Video. Ich finde: Jetzt ist die Zeit reif. Heute möchte ich mir *Star Wars* ansehen. Ich möchte mich an die Geschichten erinnern, die ich so sehr geliebt habe.

Maverick

Ich lege die Videokassette in das Abspielgerät und schalte es ein. Die *Star-Wars*-Filme wecken viele Erinnerungen in mir. Den ganzen Tag bewege ich mich wie ferngesteuert. Zwischen den Filmen bediene ich Kunden, räume Filme weg und drucke Listen aus.

Ich bin aber nur körperlich da. In Gedanken bin ich weit weg. Irgendwo zwischen unserem früheren Zuhause in Virginia und dem Weltraum.

Auf einmal ist Maverick da.
„Hallo", grüßt er gut gelaunt.
Erschrocken zucke ich zusammen.

„Tut mir leid", sagt Maverick. „Ich wollte mich nicht anschleichen."
Ich drücke auf die Pausentaste.
„Schon gut. Ich war so in den Film vertieft, dass ich dich nicht gehört habe."

Maverick deutet zum Bildschirm. Dort sieht man gerade Luke und Prinzessin Leia.
„Du bist doch Experte für *Star Wars*. Vielleicht kannst du mir was erklären. Luke und Leia sind doch Geschwister. Ist es dann nicht komisch, dass sie im ersten Teil von Star Wars rumknutschen?"

„Ja“, sage ich. „Damit haben viele ein Problem.“
Ich schalte den Fernseher aus.

„Hier sieht es so anders aus“, stellt Maverick fest.
Er schaut sich um. „Ordentlich anders.“
„Ich habe aufgeräumt“, erkläre ich.

Maverick zieht eine Augenbraue hoch.
„Alles in Ordnung bei dir? Ich habe gehört, dass du ein Stress-Aufräumer bist. Je ordentlicher der Laden, desto gestresster bist du.“

Ich lache kurz auf. „Wer hat dir das erzählt?“
„Baby.“
Ich grinse. Es gefällt mir, dass Baby solche Dinge über mich weiß.
„Da ist was dran“, gebe ich zu.
„Was ist los?“, fragt Maverick und lehnt sich lässig an die Theke. „Warum bist du schlecht drauf?“

„Ärger mit meinen Eltern“, sage ich und hoffe, dass er nicht weiterfragt. Doch offenbar interessiert Maverick sich ernsthaft für mein Problem.
„Was für Ärger?“
„Sie trennen sich.“ Ich versuche, locker zu klingen. Aber jetzt ist das befürchtete Gespräch da.

„Ach du Scheiße, Mann. Tut mir leid.
Geht es dir gut?“, fragt Maverick.

„Jaja, alles gut“, antworte ich schnell.
Doch Maverick sieht mich skeptisch an. Mitfühlend.
Ich werde nervös. Ich muss dieses Gespräch beenden, bevor alles aus mir herausplatzt.

„Du musst nicht cool bleiben, Solo“, sagt Maverick.
„Eine Trennung ist eine große Sache.“
„Ja, ich weiß“, sage ich und versuche, normal zu klingen. „Es läuft wohl schon lange darauf hinaus. Sie haben echt harte Zeiten hinter sich ... Ich meine, die meisten Ehen überstehen nicht, was unsere Familie erlebt hat ...“

Verdammt! Ich habe versucht, nichts zu sagen. Und jetzt habe ich alles angedeutet. Meine Gefühle spielen verrückt. Das Gespräch mit meinen Eltern. Die *Star-Wars*-Filme. Alles auf einmal. Tränen kommen. Und natürlich bekommt Maverick es mit.
„Hey, Solo ...“, sagt er sanft. „Es ist okay.“

Ich nicke und unterdrücke einen Schluchzer.
Ich schaffe es gerade so, die Fassung zu behalten.
Maverick legt mir die Hand auf die Schulter.
„Hey, Mann. Das wird schon wieder.“
Ich nicke nur.

Wir stehen ein paar Sekunden da. Auf einmal wird mir klar, dass Mavericks Hand noch immer auf meiner Schulter ist. Plötzlich blitzt Angst in mir auf.

Maverick lässt mich los und steckt seine Hände in die Hosentaschen. „Tut mir leid."

Ich stehe wie versteinert da. Kurz darauf geht die Tür auf.
„Hey, Leute", sagt Baby.
„Es ist so beschissen kalt draußen."
Maverick und ich starren uns noch immer an.
„Was ist los?", fragt Baby. „Habe ich was verpasst?"

Ich sehe von ihr zu Maverick. Und dann drehe ich mich ohne nachzudenken zu Baby. Ich nehme ihr Gesicht in beide Hände und küsse sie. Ich küsse sie richtig. Als würde ich es ernst meinen.

Und dann höre ich so plötzlich auf, wie ich angefangen habe. Wir alle sehen uns schockiert an.
„Tut mir leid", stammle ich.
„Ich weiß nicht, warum ich das getan habe."
Jetzt ist es Maverick, dem die Tränen kommen.
„Doch, das weißt du", sagt er und stürmt an uns vorbei nach draußen.

„Was zum Teufel ...?", fährt mich Baby an.
„Was sollte die Scheiße?"
Ich versuche, es ihr zu erklären:
„Du hattest recht wegen Maverick. Dass er schwul ist. Er hat mich angemacht! Hat meine Schulter angefasst. Und ich bin total durchgedreht.

Deswegen habe ich dich geküsst. Was hätte ich sonst in so einer Situation tun sollen?"

Baby zieht ihre Augenbrauen zusammen.
„Lass mich das wiederholen. Maverick fasst deine Schulter an. Das ist ja nicht mal eine Anmache. Aber du willst ihm beweisen, dass du nicht auf ihn stehst. Und deswegen knutschst du mich ab?"

„Genau." Ich merke selbst, wie doof das klingt.
Babys Augen funkeln vor Zorn.
„Ich weiß nicht, zu wem du beschissener warst. Zu mir oder zu Maverick."
Sie packt ihren Mantel und zieht ihn wieder an.

„Wohin gehst du?", frage ich erschrocken.
Den ganzen Tag habe ich nur darauf gewartet, mit Baby zu reden. Sie kann mich doch jetzt nicht einfach stehenlassen.
„Bitte geh nicht", sage ich kleinlaut.
Aber Baby ist sauer.
„Von dir kriege ich Krämpfe. Ich muss mich hinlegen."
Sie geht zur Tür.
„Wann kommst du zurück?"
Meine Stimme zittert. Ich zittere.
„Jedenfalls nicht heute. Ich habe Angst dich zu erwürgen, wenn ich dich länger ansehen muss."
Baby geht und lässt mich allein im Laden zurück.

Der große Streit

Mein schlechtes Gewissen macht mich den Rest des Tages fix und fertig. In meinem Kopf schwirren zu viele Probleme gleichzeitig herum: Der Kuss mit Baby. Maverick. Die Trennung meiner Eltern.
Zu Hause lege ich mich gleich schlafen. Vielleicht kann ich morgen wieder klar denken.

Am nächsten Morgen wache ich auf, weil meine Mutter direkt vor meiner Tür staubsaugt. Ich stehe auf und begrüße sie. Bald merke ich, dass etwas nicht stimmt. Meine Mutter ist wegen irgendetwas sauer auf mich.

Ich ziehe mich an und frühstücke. Dann sagt meine Mutter, was los ist: „Ich habe das Bild gefunden, Joel."
Ich zucke zusammen.
„Das Bild, das du in deinem Schrank versteckst."

Ich versuche, cool zu bleiben.
„Na und?", sage ich gereizt. „Ich habe eine *Star-Wars*-Zeichnung. Was ist daran schlimm?"
Meine Mutter erklärt:
„Du hast früher schon Sachen vor uns versteckt. Jetzt tust du es wieder. Da läuten bei mir die Alarmglocken. Außerdem sind es nicht irgendwelche Sachen. Sondern *Star-Wars*-Sachen. Das macht mir Angst, Joel."

„Es sind meine Kollegen, als *Star-Wars*-Figuren gezeichnet. Ein Geschenk“, erkläre ich. „Was hätte ich tun sollen? Die Zeichnung verbrennen?“

„Wer hat dir das Bild geschenkt?“, fragt meine Mutter. „Das schwangere Mädchen? Hast du das Bild deshalb versteckt? Weil du denkst, ich finde deine Freundschaft zu einer schwangeren Jugendlichen nicht gut? Einem lockeren Mädchen?“

Es macht mich wütend, wie meine Mutter über Baby spricht.
„Sie hat einen Namen“, fahre ich sie an. „Und nein. Ich habe das Bild nicht von Nicole.“

„Von wem dann?“, fragt meine Mutter scharf. Ich könnte lügen. Könnte sagen: Das Bild ist von einer anderen Kollegin. Von Poppins. Ich könnte sagen, dass Poppins in mich verliebt ist. Dass ich verunsichert bin. Und deshalb das Bild versteckt habe. Meine Mutter würde die Geschichte glauben. Und ich hätte das Gespräch hinter mir.

Doch ich habe keine Lust zu lügen. Ich will meiner Mutter die Wahrheit sagen. Damit sie dann komplett ausrastet. Ich will ihr weh tun. Weil ich sie in diesem Moment für alles hasse, was sie mir in den letzten neun Jahren angetan hat.

„Das Bild ist von einem Kollegen. Er hat es für mich gemalt. Er ist schwul und in mich verknallt. Das Bild ist das schönste Geschenk, das ich je bekommen habe."

Meine Mutter starrt mich sprachlos an.
Ich erzähle weiter:
„Zuerst wusste ich nicht, dass er schwul ist.
Aber gestern hat er mich angemacht. Und jetzt bin ich mir sicher."
Ich sehe meine Mutter herausfordernd an.
„Er sieht toll aus. Wie ein Model."

Das Gesicht meiner Mutter verzieht sich zu allen möglichen Grimassen. Völlig außer sich sagt sie:
„Das war's mit der Videothek. Du gehst dort nicht mehr hin. Damit ist Schluss."
„Das kannst du nicht machen!", schreie ich.
„Du wirst diesen Jungen nie wiedersehen.
Hast du mich verstanden?", schreit sie zurück.

„Nein", brülle ich. „Ich habe dich noch nie verstanden. Ich lasse nicht zu, dass du mir meinen Job wegnimmst. Ich bin kein Kind mehr!"

Ich greife nach einem Porzellan-Engel im Regal und schleudere ihn auf den Boden. Er zerbricht in tausend Stücke. Meine Mutter starrt auf die Scherben.

„Du hast völlig den Verstand verloren“, schreit sie.
„Du bist verrückt!“
Sie greift nach dem Telefonhörer.
„Ich rufe jetzt deinen Vater an. Und dann wanderst du wieder in die Klinik.“

„Nein“, sage ich. Diesmal ist meine Stimme ruhiger.
„Wenn du das machst, dann bringe ich mich um. Ich gehe nicht wieder in die Klinik.“

Im Gesicht meiner Mutter sehe ich Angst. Tränen sammeln sich in ihren Augen.
„Du bist diejenige, die Hilfe braucht“, sage ich.
Und dann gehe ich.

Mein Vater

Ich muss unbedingt mit Baby reden. Sie kann doch nicht ewig auf mich sauer sein. Ich fahre zu ihr. Doch niemand öffnet die Tür. Ich bekomme fast einen Nervenzusammenbruch.

Verzweifelt fahre ich weiter zur Videothek. Hannibal hat heute Vormittag Dienst. Ich gehe mit wirrem Blick an ihm vorbei. Im Pausenraum treffe ich Scarlett.
„Was machst du hier?“, fragt sie.
„Du hast doch heute frei.“

„Ich suche Baby.“
„Die hat sich für den Rest der Woche freigenommen“, erklärt Scarlett.
„Sie möchte ihrer Mutter bei den Vorbereitungen für die Hochzeit helfen.“

Das passt irgendwie nicht zu Baby. Hat sie sich etwa freigenommen, um mir aus dem Weg zu gehen? Obwohl ich heute keinen Dienst habe, arbeite ich den ganzen Tag in der Videothek. Ich muss mich von meinen Gedanken ablenken. Außerdem weiß ich nicht, wo ich sonst hinsoll.

Am Abend steht auf einmal mein Vater vor mir. Es ist das erste Mal, dass er in der Videothek ist.

Sein Gesicht ist voller Sorge. Er geht auf mich zu und umarmt mich fest. Seine Stimme zittert.
„Ich bin so froh, dass ich dich gefunden habe. Ich hatte solche Angst, dich zu verlieren!"

Ich befreie mich aus seiner Umarmung und sehe ihn verlegen an.
„Ich hatte einen Riesenstreit mit Mama."

„Ich weiß. Deine Mutter hat mich angerufen. Sie war vollkommen außer sich. Was zum Teufel war heute Morgen los?", fragt mein Vater.

Ich sehe mich um, wo wir in Ruhe reden können. Mein Vater hat den gleichen Gedanken. Er schlägt vor, dass wir uns in sein Auto setzen. Dort erzähle ich ihm alles. Von dem Bild. Von Maverick.
Von meiner Drohung, mich umzubringen.

„Es war also das Bild, mit dem alles angefangen hat", sagt mein Vater. Er reibt sich das Kinn.
„Verdammt! Deine Mutter ist so …"
Er seufzt und dreht sich um. Von hinten aus dem Auto holt er eine Schachtel und gibt sie mir. Ich hebe den Deckel ab und staune. Alle drei *Star-Wars*-Filme liegen darin. Und mein altes *Star-Wars*-Gewehr.
Meine Augen strahlen.
„Es gibt all diese Sachen noch?
Ich dachte, Mama hätte sie weggeworfen."

Dann fällt mein Blick auf ein Bon-Jovi-Poster. Und auf mehrere grüne T-Shirts. Die Sachen sind von meinem Bruder.

„Ich bereue vieles in meinem Leben, Joel“, sagt mein Vater. „Ich möchte so nicht weiterleben. Ich möchte vor der Vergangenheit keine Angst mehr haben. Deshalb habe ich die Sachen behalten. Sie erinnern mich an früher. Und ich will mich an früher erinnern. Deine Mutter aber will das nicht. Sie will keine Erinnerungen. Sie kann nicht anders. Deswegen haben wir uns getrennt.“

Mein Vater holt noch etwas von hinten. Das Bild von Maverick. Wahrscheinlich hat meine Mutter es ihm gegeben. Als Beweis, dass Maverick mein Liebhaber ist. „Willst du das behalten?“

„Ja“, sage ich zögernd. „Es bedeutet mir viel.“
Mein Vater nickt. „Der Zeichner ist ein Künstler.“
Mehr sagt er nicht dazu.

Vorsichtig sehe ich meinen Vater an:
„Mama hat gemeint, dass ich meinen Job kündigen muss. Und wieder in die Klinik soll. Aber ich will das auf keinen Fall.“

„Du hast zu deiner Mutter gesagt, dass du dich umbringen willst“, sagt mein Vater ernst.

„Das habe ich nur zu Mama gesagt, um ihr wehzutun", erkläre ich. „Ich weiß, dass das total falsch von mir war. Ich würde so was niemals tun. Das schwöre ich. In den ganzen letzten Wochen ist es mir extrem gut gegangen. Bis jetzt."

Mein Vater schaut mich nachdenklich an. Schließlich sagt er:
„In Ordnung. Du bist so gut wie erwachsen. Wenn du das Gefühl hast, dass du nicht in die Klinik musst, dann glaube ich dir das."

Ich bin ihm so dankbar für seine Unterstützung.
„Deine Mutter wird stinksauer sein, dass ich mich gegen sie stelle", sagt mein Vater. „Aber was soll sie machen? Die Scheidung einreichen?"

Wir lachen beide.
„Ich glaube, du gehst deiner Mutter in den nächsten Tagen am besten aus dem Weg", schlägt mein Vater vor. „Damit sich die Situation beruhigt. Ich habe noch keine Wohnung, in der ich dir einen Platz anbieten könnte. Hast du einen Platz, wo du ein paar Tage bleiben kannst?"

„Ich finde schon was", versichere ich.
„Gut. Ich rede mit deiner Mutter. Ich lass mir eine Ausrede einfallen, warum du weg bist", verspricht mein Vater mir.

Wir steigen aus dem Auto. Bevor ich zurück zur Videothek gehe, sagt mein Vater noch:
„Ich habe heute an vielen Orten nach dir gesucht. Auch im Einkaufszentrum."
Er gibt mir eine Tüte. Ich greife rein und hole eine rosa Krawatte heraus.

„Ich will, dass du eines weißt", sagt mein Vater. „Was immer du willst, das will ich für dich, Joel. Ich meine es ernst. Rosa Krawatte. Blaue Krawatte. Lila Krawatte. Es spielt keine Rolle für mich. Du hast keine Macke, Joel. Und egal, welche Farbe deine Krawatte hat: Ich hab dich lieb."

Die Geste ist vielleicht klein. Aber der Moment ist riesengroß. Mein Vater hat in der Vergangenheit vieles falsch gemacht. Doch dieser Moment ist so groß, dass er all das in den Hintergrund rückt.
Ich halte sein Geschenk in der Hand und nicke.
„Ich hab dich auch lieb."

Crystal verschwindet

Vor ein paar Jahren

Die Zeit in der Psychiatrie ist schlimm für mich. Ich lerne andere Jugendliche mit psychischen Erkrankungen kennen. Lerne ihre Macken kennen, die teilweise noch heftiger als meine sind. Auch meine erste, ziemlich verwirrende Liebesbeziehung erlebe ich in der Psychiatrie.

Irgendwann fühle ich mich ganz unten. Ich habe es satt, in der Psychiatrie zu sein. Ich möchte nicht mehr dauernd über meine Macke reden müssen. Ich bin kraftlos. Erschöpft. So erschöpft, dass ich nicht mehr leben will.

Genau in diesem Moment kommt Crystal. Sie steht mitten in der Psychiatrie und sieht mich ernst an.
„Es wird Zeit, dass ich gehe. Für immer."
Ich starre sie erschrocken an.
„Was? Warum?"

„Ich habe jetzt begriffen:
Wenn ich bleibe, dann wirst du nicht gesund."

„Aber das stimmt nicht. Bitte geh nicht, Crystal", flehe ich. „Gerade jetzt, wo es mir am allerschlechtesten geht. Wo ich dich am meisten brauche."

„Ich bin der Grund, warum du hier gelandet bist", erinnert mich Crystal.
„Ich schade dir mehr, als dass ich dir nütze. Deshalb gehe ich. Du musst dich jetzt selbst retten."

Sie sieht mich an. Ihre Augen sind grüner als je zuvor.

„Wohin gehst du?"

„Tief in dir weißt du, wer ich bin. Und eines Tages weißt du auch, wo du mich finden kannst. Wenn du bereit dafür bist."

Crystal küsst mich zum Abschied auf die Wange. Dann rennt sie aus dem Zimmer und ist weg. Endgültig.

Baby

Nach dem Gespräch mit meinem Vater verbringe ich ein paar Nächte in der Videothek. Eines Abends klingelt auf einmal das Telefon.

„*ROYO Video*. Han Solo am Apparat“, melde ich mich.
„Hey, Solo.“
„Baby!“
Endlich! Ich bin so glücklich über ihren Anruf.
„Es tut mir wahnsinnig leid“, beginne ich.
„Dass ich dich geküsst habe und ...“

„Solo, hör auf“, unterbricht mich Baby.
„Ich will jetzt nicht darüber reden. Ich brauche deine Hilfe. Kannst du mich abholen? Ich muss wohin. Und ich will nicht allein gehen.“

Kurz darauf läute ich an Babys Tür. Mein Herz klopft. Ich freue mich so sehr, sie zu sehen!

„Hey“, sagt sie.
Sie steht in eine Decke gewickelt in der offenen Tür. Ihr Gesicht ist bleich.
„Bist du krank?“, frage ich erschrocken.
„So ähnlich.“
Sie bittet mich rein. Dann legt sie die Decke zur Seite. Und mir fallen fast die Augen aus dem Kopf. Babys riesiger Bauch ist weg.

„Oh Gott!“, rufe ich schockiert. „Was ist passiert?“ Gebannt starre ich auf Babys eingefallenen Bauch.

„Nach dem Kuss“, sagt Baby. „Da habe ich zu dir gesagt: Ich kriege Krämpfe. Das waren die Wehen. Als ich zu Hause angekommen bin, ist die Fruchtblase geplatzt. Kat hat mich ins Krankenhaus gefahren. Es ist dann alles sehr schnell gegangen. Und jetzt ist das Kind da.“

Ich kann es nicht fassen: Während ich mit meinen Problemen beschäftigt war, hat Baby ein Kind zur Welt gebracht.

Ich starre Baby an. Das alles klingt so unwirklich. Natürlich hätte ich damit rechnen müssen, dass das Kind jederzeit zur Welt kommen kann. Aber ich habe nicht wirklich darüber nachgedacht.
„Ist alles gut gegangen?“, frage ich.
„Ist alles in Ordnung?“

„Es hat verdammt wehgetan. Ich hab gedacht, ich sterbe. Aber, ja ... Ich glaube, alles ist gut gegangen.“ Baby macht eine lange Pause, bevor sie sagt:
„Die Ärzte haben es mitgenommen, sobald es da war. Die Pflegerin hat es direkt zu der Mutter gebracht, die es adoptiert. Ich wollte es so. Ich dachte, es wäre das Richtige. Verstehst du?“
Ich nicke.

„Ich habe es nicht gesehen. Auch nicht im Arm gehalten. Ich weiß nicht, ob es ein Mädchen oder ein Junge ist. Ist das verrückt?“

„Nein“, sage ich. „Du hast sicher das Richtige getan.“
Baby seufzt.
„Ja. Und jetzt muss ich noch etwas tun.“
Sie sieht auf die Uhr.
„Ich muss mich mit den Adoptiveltern im Krankenhaus treffen. Ein Gespräch führen und Papiere unterschreiben, bevor sie das Kind mitnehmen. Das Baby wird auch da sein.“

Baby streicht sich durchs Haar.
„Ich will nicht alleine sein, wenn ich das Kleine zum ersten Mal sehe. Meine Mutter kommt auch ... aber ich möchte dich auch dabeihaben.“

„Das mache ich gern“, lächle ich Baby an.
Baby lächelt vorsichtig zurück.
„Dann ziehe ich mich mal an. Übrigens: Ich weiß, dass bei dir in den letzten Tagen auch ziemlich viel passiert ist. Aber im Moment kann ich mich auf keinen anderen Mist konzentrieren. Nur auf meinen eigenen. Ist es okay, wenn wir uns heute nur über meinen Mist unterhalten?“

„Kein Problem“, sage ich.
„Der Tag heute gehört ganz allein dir.“

Die neuen Eltern

Im Krankenhaus treffen wir Kat. Wir setzen uns gemeinsam in den Wartebereich. Als Baby auf die Toilette geht, seufzt ihre Mutter.
„Ich bin wirklich froh, dass du hier bist, Joel. Bei der Geburt war Nicole eine echte Heldin. Sie hat alles so toll gemeistert. Nur weiß ich nicht, wie sie den nächsten Teil übersteht."

Kat wischt sich eine Träne weg.
„Es ist kein Fehler, dass sie das Kind hergibt. Nicole möchte auf das College in New York gehen. Sie würde es bereuen, wenn sie darauf verzichtet. Aber es wird trotzdem wehtun. Jedenfalls bin ich froh, dass sie dich hat."

Die Tür fliegt auf und Baby kommt zurück. Kurz darauf werden wir aufgerufen. Wir drei folgen einer Sozialarbeiterin in einen Raum und setzen uns. Dort erklärt uns die Frau alles und meint dann: „Dann bitte ich jetzt die Adoptiveltern herein."

Ich blicke zu Baby. Entschlossenheit liegt in ihrem Blick. Sie hat die Zähne fest zusammengebissen. Ihr Gesicht ist ernst. Ich denke an den Moment zurück, als wir alle an Halloween von ihrer Schwangerschaft erfuhren. Seitdem hat sich so viel verändert zwischen Baby und mir.

Ich sehe zu der Sozialarbeiterin. Bei ihr stehen zwei Personen. Marc und Jana Schwartz. Ich starre die beiden an. Marc Schwartz, mein früherer Psychiater! Und seine Frau. Was machen sie hier?

„Joel. Das ist ja schön, dass du auch dabei bist!" Marc lächelt mich freundlich an.

Ich versuche, meine Gedanken zu ordnen. Doch ich habe dazu kaum Zeit. Denn jetzt geht die Tür noch einmal auf. Eine Pflegerin bringt das Kind herein.

„Hier ist sie", sagt sie und hält einen unfassbar winzigen Menschen im Arm. Ein Mädchen mit schwarzem Haar, eingehüllt in eine weiße Decke. Es liegt ganz ruhig und schläft, die rosa Lippen leicht geöffnet.

Die Pflegerin legt das Kleine in Babys Arme. Eine freundliche Ruhe liegt auf einmal im Raum. Und erst jetzt begreife ich: Marc und Jana Schwartz sind die Adoptiveltern!

Ich erinnere mich, wie Jana in der Videothek erzählt hat, dass sie keine Kinder hat. Dann das Treffen zwischen Marc, Jana und Baby im Einkaufszentrum. Als ich dachte, sie hätten dort über mich geredet. Erst jetzt wird mir klar: In Wirklichkeit haben sie über die Adoption geredet.

Auf einmal passt alles zusammen. Ich spüre: Es ist eine gute Entscheidung. Von Marc und Jana geht so viel Herzlichkeit aus. Jana liest einen Brief vor, den sie geschrieben hat. Sie erzählt darin über ihre Kinderlosigkeit. Und wie dankbar sie ist, dass sie jetzt endlich eine Mutter sein darf.

Danach spricht Marc. Er klingt genauso herzlich wie seine Frau. Er verspricht Baby, alles für ihre Tochter zu tun. Und dass er dem Mädchen der beste Vater der Welt sein möchte.

Alle im Raum weinen. Nur Baby nicht.
Sie erscheint in diesem Moment stark wie ein Fels.

Danach werden die Papiere unterschrieben.
Am Ende umarmen sich alle und gehen.

Schreien

In der Psychiatrie habe ich gelernt: Wenn jemand heftige Gefühle hat, kann man oft nur einen kleinen Teil davon sehen.

So ist es jetzt auch bei Baby. Während dem ganzen Ablauf im Krankenhaus kann niemand Babys Gefühle sehen oder hören. Doch als wir später im Auto sitzen, höre ich einen Schrei. Es ist der längste, lauteste und heftigste Schrei, den ich je gehört habe. Babys verzieht ihr Gesicht zu einer Grimasse. Sie schreit und schlägt auf das Auto ein. Wie ein wildes Tier sieht sie dabei aus. Ihr Gesicht ist rot und nassgeschwitzt.

Dann beginnt Baby zu weinen. Ein hoffnungsloses Weinen. Hilflos und unendlich verzweifelt. Das Weinen einer trauernden Mutter. Sie schlingt die Arme um mich und schluchzt in meine Schulter.

Ich streiche ihr übers Haar und lasse sie weinen. Nach langer Zeit bittet mich Baby loszufahren.
„Wohin?", frage ich. „Zur Videothek?"
„Nein. Irgendwo anders hin."

Auf einmal habe ich eine Idee.
Hatte mein Vater nicht gesagt, dass ich für ein paar Tage weg soll? Um einen freien Kopf zu bekommen.

Bis sich die Situation beruhigt hat. Vielleicht muss Baby auch ein paar Tage weg.

„Wie weit ist zu weit?“, frage ich sie.
„Nichts ist zu weit“, schnieft sie.

Also rolle ich auf die Straße und fahre los.

Virginia

Neun Stunden dauert unsere Fahrt nach Virginia. 850 Kilometer. Als wir die Stadt Toledo erreichen, hat sich Baby in den Schlaf geweint.

In Cleveland tanke ich und rufe in der Videothek an. Ich sage Bescheid, dass Baby und ich die nächsten Tage nicht arbeiten können.

Gegen ein Uhr nachts erreichen wir Fairfax, die Stadt meiner Kindheit. Wir nehmen uns ein Zimmer in einem billigen, heruntergekommenen Hotel.

Als ich am nächsten Morgen aufwache, kommen mir Zweifel. War es eine gute Idee, nach Virginia zu fahren? Was, wenn ich durchdrehe? Weil zu viele Erinnerungen und Gefühle in mir hochkommen? Ich drehe mich im Bett zur Seite. Baby ist schon wach und sieht mich an. Ihre Augen sind rot, ihr Gesicht müde und verquollen.

„Wo sind wir hier?", fragt sie.
„In Virginia", antworte ich.
Baby sieht sich im Zimmer um.
Erst jetzt bemerke ich, wie dreckig es hier ist.

„Meine Familie hat früher in Virginia gewohnt", erkläre ich.

„Deswegen bin ich hierhergefahren. Geht es dir besser?“, frage ich dann vorsichtig.

Baby seufzt. Nach einer Weile sagt sie:
„Ich möchte, dass bald alles wieder normal ist. Ich will die Schule fertigmachen. Danach das College in New York. Mein ganzes Leben liegt vor mir.“

Wir duschen in dem total verdreckten Badezimmer. Danach zahlen wir und verlassen hastig das Hotel. Wir steigen ins Auto und ich sehe nach draußen. In dieser Stadt bin ich aufgewachsen. Doch jetzt kommt mir nichts mehr bekannt vor. Vielleicht, weil man als Kind alles anders wahrnimmt.

Was möchtest du heute tun?“, frage ich Baby.
Sie zuckt mit den Schultern. „Egal.“
„Dann möchte ich dir etwas zeigen“, sage ich und starte den Motor.

Ich muss zweimal nach dem Weg fragen. Dann erreichen wir das Haus, in dem meine Familie früher gewohnt hat. Ich starre auf die weiße Wand mit den schwarzen Fensterrahmen.

„Hier habe ich fast zehn Jahre gelebt“, erkläre ich. Von den jetzigen Bewohnern scheint gerade niemand da zu sein.
Deshalb sage ich: „Komm mit.“

Wir steigen aus und umrunden das Haus. Im Garten steht noch immer der Brennofen.
„Ich habe ihn größer in Erinnerung", sage ich.

Wir schweigen ein paar Minuten.
Dann fragt Baby: „Warum sind wir hier? Warum wir beide? Warum heute?"

„Früher haben wir hier ständig gespielt.
Der Brennofen war unser Raumschiff. Wir sind in ihn reingeklettert. Ich war Han Solo. Mein Bruder war Luke Skywalker."

Baby sieht mich erstaunt an.
„Ich wusste nicht, dass du einen Bruder hast, Solo."

„Weil ich dir nie davon erzählt habe. Aber jetzt bin ich bereit dazu."

Mein Bruder

Vor ein paar Jahren

Mein Bruder war acht Jahre älter als ich. Er war ein stilles Kind. Bis ich auf die Welt komme, ist er viel allein.

Als ich dann da bin, verbringt er viel Zeit mit mir. Auch dann noch, als er schon zwölf ist und ich erst sechs. Inzwischen weiß ich, dass das untypisch ist. Aber als Kind finde ich es normal. Ich wundere mich nicht darüber. Auch nicht darüber, dass mein Bruder außer mir keine Freunde hat.

Später bemerke ich, dass die anderen Jungs in seinem Alter ihn ärgern. Sie verprügeln ihn. Sie klauen ihm sein Sportzeug und werfen es in die Mädchen-Umkleide. Er bekommt große Probleme im Unterricht. Aber die Lehrer sagen nur: „Kein Grund zur Sorge. Das ist nur eine Phase."

In der achten Klasse wird es für meinen Bruder besser. Er lernt Kevin kennen, einen anderen Jungen. Die beiden verstehen sich richtig gut. Kevin ist nicht so ein Arsch wie die anderen. Manchmal spielen die beiden *Star Wars* mit mir. Mein Bruder und Kevin wollen beide Luke Skywalker sein. Doch dann gibt mein Bruder nach und er übernimmt die Rolle von Prinzessin Leia.

Kevin und mein Bruder werden unzertrennlich. Für ein paar Jahre sind sie die besten Freunde. Aber plötzlich darf Kevin nicht mehr zu uns kommen. Mein Bruder darf nicht mehr mit Kevin telefonieren. Kevins Eltern schicken Kevin in eine andere Stadt, zu seinen Großeltern.

Mein Bruder ist am Boden zerstört. Meine Eltern schicken ihn zu verschiedenen Ärzten. Wegen seiner Traurigkeit. Gleichzeitig gibt es bei uns zu Hause ab sofort ein *Star-Wars*-Verbot. Alles, was mit *Star Wars* zu tun hat, muss aus dem Haus. Es ist für uns alle schlimm. Doch am schlimmsten ist es für meinen Bruder.

Eines Tages nimmt mein Bruder mich mit in den Park. Ich erinnere mich noch sehr gut an diesen Tag. Wir spielen zuerst eine Weile am Wasser. Danach schaukeln wir.

Auf einmal sagt mein Bruder:
„Stell dir vor, ich sage zu dir: Der Himmel ist nicht blau, sondern grün. Denn ich sehe den Himmel grün."

„Vielleicht brauchst du dann eine Brille", sage ich. „Denn der Himmel ist blau."

Daraufhin meint mein Bruder:
„Stell dir vor, ich lasse meine Augen kontrollieren.

Der Arzt sagt, dass alles in Ordnung ist. Trotzdem sehe ich den Himmel grün. Alle anderen sehen den Himmel blau. Nur ich sehe ihn grün. Bin ich dann verrückt?“
Ich schüttle den Kopf.

„Wenn alle anderen einem immer wieder sagen, dass man sich irrt. Dass mit einem etwas nicht stimmt“, sagt mein Bruder. „Wie lange hält man es dann aus, bis man den Verstand verliert?“

Ich schaue meinen Bruder besorgt an.
„Geht es dir gut?“

Mein Bruder beugt sich zu mir runter.
„Versprich mir etwas, Joel. Egal wie viele Leute dir sagen, der Himmel ist blau: Wenn du ihn grün siehst, dann sagst du es auch.“

„Ich verspreche es“, sage ich.
Dann nimmt mich mein Bruder in die Arme. Er hält mich lange an sich gedrückt.

Da fällt mir auf einmal etwas ein:
„Wenn du mir sagst, dass du den Himmel grün siehst, dann glaube ich dir. Ich denke mir einfach: Aha, mein Bruder hat besondere Augen, mit denen er den Himmel grün sieht. Habe ich ein Glück, dass ich jemanden mit so besonderen Augen kenne.“

Mein Bruder lächelt und drückt mich noch fester. „Danke, Joel."

Als Kind begreife ich nicht, dass die Worte meines Bruders Hilferufe sind. Dieses Gespräch im Park ist das letzte richtige Gespräch, das ich mit ihm führe.

Vier Tage danach nimmt sich mein Bruder das Leben.

Dieses Ereignis trifft mich aus heiterem Himmel. Es bricht mir das Genick und macht mich zum Wrack. Es zerstört mein ganzes verdammtes Leben.

Crystal

„Ich weiß nicht, wie du das überlebt hast", sagt Baby, als ich fertig erzählt habe.

Ich hole tief Luft und antworte:
„Ich denke, es ist wie bei allem. Man überlebt einen Tag nach dem anderen. Und zwischendurch hat man ein paar Nervenzusammenbrüche."

Baby nickt. „Das verstehe ich."
„Baby, du sollst wissen, dass ich immer für dich da bin", sage ich. „Vielleicht fühlt es sich für dich im Moment so an, als würde die Welt untergehen. Aber du bist nicht allein."

Baby legt ihren Kopf an meine Schulter.
„Ich glaube, du hast dir Crystal nicht eingebildet, Solo."

„Ein bisschen habe ich geglaubt, dass sie heute hier ist", gestehe ich lächelnd. „Bei unserer letzten Begegnung hat sie gesagt: Wenn du dafür bereit bist, dann weißt du, wo du mich finden kannst. Ich habe immer gedacht, sie meint den Brennofen."

Als ich diesen Satz sage, fällt mir etwas ein.
„Hey, Baby. Da ist noch ein Ort, wo ich hinwill."
„Okay", antwortet Baby.
Wir gehen zurück zum Auto und fahren los.

Der Friedhof ist nicht weit weg. Seit der Beerdigung von meinem Bruder war ich nicht mehr hier.

„Lass dir Zeit", sagt Baby, als ich aussteige. „Ich warte hier im Wagen."

Ich gehe zwischen den Gräberreihen hindurch. Ein Grabstein nach dem anderen. Überall fremde Namen. Doch dann bleibt mein Herz beinahe stehen.

Brian Alan Teague
3. März 1971 – 29. April 1987
Geliebter Sohn

Ich sehe den Grabstein lange an. Nach einer Weile knie ich mich hin.
„Ich vermisse dich", flüstere ich.

Und dann bin ich nicht mehr allein. Ich starre zu Boden, als sie kommt. Der Saum ihres grünen Kleides flattert beim Gehen. Crystal setzt sich leise neben mich.
„Woher wusstest du, dass ich hier bin?", fragt sie.
Ich zucke mit den Schultern.
„Irgendwie habe ich es immer gewusst."

Ich sehe sie an. Ihr Haar ist offen. Ihre Augen leuchten grün. Crystal hat sich seit unserer ersten

Begegnung nicht verändert. Damals und heute sieht sie aus wie sechzehn.

„Ich habe vieles über dich einfach so gewusst", sage ich. „Dass die Schachtel im Brennofen dir gehört. Dass du Bon Jovi magst und deine Lieblingsfarbe Grün ist. Die Liste mit den Mädchennamen in der Schachtel war in deiner Handschrift geschrieben. Aber erst jetzt verstehe ich das alles."

„Dann weißt du, wer ich bin", stellt Crystal fest.
Ich nicke langsam.
„Ja. Auf einmal passt alles zusammen. Es ist verwirrend und gleichzeitig völlig einleuchtend."

Crystal wirkt erleichtert.
„So habe ich es auch immer empfunden. Ich wusste, dass ich anders war. Ein Junge, haben alle gesagt. Ein Mädchen, hat mein Herz gesagt. Aber ich wusste nicht, dass es so etwas gibt. Dass Menschen so sein können. Und auch sonst hat es niemand verstanden. Am allerwenigsten hat es Mama verstanden. Sie hat immer nur gesagt, dass mit mir etwas nicht stimmt."

„Ich bin so traurig", sage ich.
„Wie einsam du die ganze Zeit warst. Und wie viel Angst du gehabt haben musst. Es muss schrecklich für dich gewesen sein."

Ich denke an die Prügeleien in der Schule. Das Mobbing. Ich denke an die schöne Zeit mit Kevin. An die Verzweiflung, als er weg war. Ich denke an all die Ärzte und die Streits unserer Eltern.

Und dann denke ich an das Schlimme. Wut und Verzweiflung kommen in mir hoch.
„Es tut mir leid!", schreie ich.
„Es tut mir so leid, dass ich nicht früher verstanden habe, was los war. Es tut mir so leid, dass die Welt so beschissen ist. Es tut mir so leid, dass ich dich nicht beschützen konnte."

Tränen laufen mir über das Gesicht. Sanft nimmt Crystal meine Hand.
„Was hättest du tun können, Joel?", fragt sie.
„Du warst noch ein Kind."

„Du bist mir immer so echt vorgekommen", schluchze ich. „Aber du bist nur meine Einbildung. Ich bin wirklich verrückt."

„Du warst nie verrückt. Du warst ein Kind, das versucht hat zu trauern. Du wolltest mir ein glücklicheres Leben schenken. Ein besseres als das, das ich hatte."

Ich starre Crystal erstaunt an. In all den Jahren hatte ich meine Macke noch nie so gesehen.

All das war nicht verrückt: Sich überlegen, welche Ohrringe Crystal gefallen hätten. Oder mit ihr ein Konzert ihrer Lieblingsband besuchen. Vermissen, was einem fehlt. Mir wünschen, was hätte sein sollen. Das alles ist nicht verrückt. Es ist verdammt noch mal normal.

Auf einmal höre ich, dass Baby den Motor vom Auto anlässt. Vermutlich ist ihr kalt.

„Glaubst du, sie hätte mich gemocht?“,
fragt Crystal und deutet zu Baby.
„Ich glaube, ihr hättet euch beide gemocht“,
antworte ich lächelnd.
„Lass sie nicht warten. Es ist Zeit für den Abschied.“

Ich sehe Crystal ein letztes Mal an.
„Ich habe es ernst gemeint, was ich bei unserem letzten Gespräch zu dir gesagt habe“, sage ich.
„Ich habe Glück, eine Schwester mit besonderen Augen zu haben.“

Crystal lächelt mich an. Ihre grünen Augen strahlen. Sie nimmt mich in die Arme und drückt mich fest.

„Ich liebe dich, Crystal“, sage ich zu ihr.
„Ich weiß“, antwortet sie und lächelt.

Zurück in Michigan

Gegen Mitternacht kommen Baby und ich wieder zu Hause in Michigan an.

Heute ist der Tag von Kats Hochzeit. Ich richte meinen Anzug und die rosa Krawatte von meinem Vater her.

Dann begegne ich meiner Mutter. Zum ersten Mal seit unserem Streit. Ich erfahre von ihr: Mein Vater hat ihr erzählt, dass ich für ein paar Tage in einem Kurs bin. Wo ich über den Streit mit meiner Mutter reden und über mein Handeln nachdenken soll. Deshalb ist meine Mutter jetzt ruhig und zufrieden. Sie will wissen, wie der Kurs war.
Und ich sage einfach: „Ganz okay."

Dann sagt meine Mutter: „Wir hatten gestern ein Gespräch mit den Anwälten."
„Habt ihr darüber gesprochen, bei wem ich wohnen soll?", frage ich.

Meine Mutter nickt.
„Die Anwälte sagen: Du bist zu alt, dass wir das für dich entscheiden. Du sollst es dir selbst aussuchen."

Ich atme erleichtert auf. Denn tief in mir habe ich schon längst eine Entscheidung getroffen.

„Dann möchte ich mit Papa zusammenziehen", erkläre ich mit fester Stimme.
Meine Mutter zuckt zusammen. Ihr Gesicht ist voller Kummer.
„Keiner von euch will mit mir zusammen sein. Dabei habe ich immer nur versucht zu tun, was für alle am besten ist."

Ich sehe sie an.
„Vielleicht weißt du nicht immer, was am besten ist. Oder wie sich andere verhalten sollen. Wer sie sein sollen. Vielleicht musst du aufhören, immer alles kontrollieren zu wollen."

Meine Mutter gibt einen lauten Seufzer von sich.
„Und ich habe geglaubt, dass dich dieser Kurs wieder zur Vernunft bringt. Aber der hat wohl nichts gebracht. Was ist nur los mit dir, Joel? Ich wette, das hat mit diesem Jungen zu tun. Der das Bild für dich gemalt hat."

Schon wieder fängt meine Mutter mit denselben alten Themen an: Maverick. Ob ich schwul bin oder nicht. Doch jetzt merke ich, wie sich auf einmal etwas zwischen meiner Mutter und mir verändert. Jahrelang hatte meine Mutter Macht über mich. Es war mir wichtig, was sie über mich denkt. Ich habe gemacht, was sie gesagt hat. Jetzt merke ich, dass mir ihre Meinung einfach egal ist.

Das Gefühl ist so befreiend! Ich wünschte, dieser Moment wäre schon vor Jahren passiert.

„Erwähne nie wieder dieses Bild“, sage ich mit ruhiger Stimme. „Und nie wieder ein Wort über den Typen, der es mir geschenkt hat. Du kennst ihn nicht. Du weißt nichts über ihn. Also halt einfach den Mund.“

Ich nehme die rosa Krawatte, die mir mein Vater bei unserem letzten Gespräch geschenkt hat. Vor den Augen meiner Mutter binde ich sie mir um den Hals.

„Du weißt nicht, wie es ist, eine Mutter zu sein“, sagt meine Mutter. „Eine Mutter möchte nur ihre Kinder vor der Welt beschützen. Sie möchte für alle nur das Beste.“

„Und Kinder wollen nur bedingungslos von ihrer Mutter geliebt werden“, sage ich.
„Schade, dass keins deiner Kinder je erfährt, wie sich das anfühlt.“

Dann gehe ich an meiner Mutter vorbei zur Hochzeit von der Mutter meiner besten Freundin.

Freunde

Die Trauung ist kurz und schön. Zur großen Feier sind wir später im *Headlights*. Überall hängen Girlanden, Luftballons und Herzen. Mittendrin wir.

Baby findet, dass ich unglaublich gut in dem Anzug und der Krawatte aussehe. Auch sie gefällt mir in ihrem rosa Kleid.

Als die Gäste zu tanzen beginnen, tanzen auch wir. Ich merke, dass es Baby heute deutlich besser geht als an dem Tag der Adoption. Aber ich weiß:
Wir beide werden noch eine ganze Weile an unseren Problemen arbeiten müssen.

„Weißt du“, sagt Baby an diesem Abend zu mir. „Ich bin sehr froh, dass du mir alles erzählt hast. Den ganzen Mist, den du erlebt hast.“

„Ja“, stimme ich ihr zu. „Ich bin froh, dass jetzt alles gesagt ist. Dass es keine Geheimnisse mehr gibt. Kein Verstecken. Ich kann vor dir einfach so sein, wie ich bin.“

Ich denke kurz nach.
„Crystal werde ich jetzt wohl nicht mehr sehen. Aber ich denke: Ich sollte in nächster Zeit meinen Therapeuten öfter sehen.“

Baby sieht mich an. „Das klingt gut. Ich werde auch eine Therapie machen. Um mit meinem ganzen Mist besser klarzukommen."

Ich atme tief durch. Frei und leicht fühle ich mich in diesem Moment. Unser ganzer Lebensweg liegt vor uns, denke ich. Und wir werden ihn gehen.

Schritt für Schritt.

Wörterliste

Seite 7: Psychiatrie
Krankenhaus für Menschen mit psychischen Erkrankungen. Psychische Erkrankungen sind zum Beispiel: Depressionen oder Schizophrenie. Oder auch Ess-Störungen.

Seite 7: Therapeut
Ein Arzt für psychische Probleme. Therapeuten versuchen, die Probleme durch Gespräche zu lösen. Therapeuten arbeiten in Psychiatrien oder auch in einer Praxis. In die Praxis geht man nur zu den Gesprächen. Man wohnt zu Hause.

Seite 7: Videothek
In einer Videothek konnte man sich früher Videokassetten ausleihen. Auf diesen Kassetten waren Filme gespeichert. Seit es Streamingdienste gibt, gibt es kaum noch Videotheken.

Seite 9: Dirty Dancing
Dirty Dancing ist ein berühmter Tanzfilm aus dem Jahr 1987.

Seite 9: Star Wars
Eine berühmte Filmreihe. Auf Deutsch heißt die Reihe: *Krieg der Sterne*. Die Helden sind Luke Skywalker, Prinzessin Leia und Han Solo.

Seite 9: Han Solo
Ein Held aus den *Star-Wars*-Filmen, Pilot von einem Raumschiff.

Seite 11: Ess-Störung
Menschen mit einer Ess-Störung können ihr Verhalten beim Essen nicht kontrollieren. Eine Ess-Störung ist zum Beispiel Bulimie: Betroffene essen große Mengen in kurzer Zeit. Danach erbrechen sie das Essen wieder, um nicht dick zu werden.

Seite 15: Psychopath, Psychopathie
Psychopathie ist eine schwere Persönlichkeits-Störung. Menschen mit Psychopathie können nicht oder kaum mit anderen Menschen mitfühlen. Sie reagieren oft aufbrausend. Sie lügen oder betrügen häufig. Sie haben dabei kein schlechtes Gewissen.

Seite 16: schizoaffektive Störung
Eine psychische Erkrankung. Betroffene haben zum Beispiel Halluzinationen oder Wahnvorstellungen. Zusätzlich leiden sie unter Gefühlsstörungen wie zum Beispiel einer Depression. Depressive Menschen sind über längere Zeit unerklärlich traurig. Bei schweren Depressionen denken Betroffene manchmal an Selbstmord.

Seite 19: Bon Jovi
berühmte Rock-Band in den 90er Jahren

Seite 30: Telefonzelle
Bevor es Handys gab, gab es an manchen Plätzen kleine Häuschen mit einem Telefon darin. Man musste Münzen einwerfen, um zu telefonieren. In Telefonzellen gab es Telefonbücher mit den Namen, Adressen und Telefonnummern der Menschen aus der näheren Umgebung.

Seite 39: Headlights
englisches Wort für Scheinwerfer

Seite 39: Ladys
englisches Wort für Damen oder Frauen

Seite 39: Jukebox
Ein Musikautomat. Jukeboxen standen früher oft in Gaststätten. Man musste Geld einwerfen. Dann konnte man sich ein Lied aus einer Liste aussuchen.

Seite 41: flirten
jemanden anmachen

Seite 43: Halluzination
Menschen mit Halluzinationen erleben Dinge, die andere Menschen nicht wahrnehmen. Sie sehen zum Beispiel Menschen, die gar nicht da sind. Oder sie hören Stimmen, die es nicht gibt. Sie bilden sich diese Dinge nur ein. Aber sie sind fest davon überzeugt, es gibt diese Dinge wirklich.

Seite 59: Adoption
Erwachsene nehmen ein fremdes Kind als ihr eigenes in die Familie auf.

Seite 62: homosexuell
Homosexuelle Menschen verlieben sich in Menschen mit dem gleichen Geschlecht, also Frauen in Frauen und Männer in Männer. Ein anderes Wort für homosexuell ist bei Männern schwul und bei Frauen lesbisch. Früher dachte man, Homosexualität wäre eine Art Störung oder Krankheit.

Seite 71: Prinzessin Leia
Eine Figur aus den *Star-Wars*-Filmen. Am Anfang der Filmreihe verliebt Prinzessin Leia sich in Luke Skywalker. Später hat sie eine Liebesbeziehung mit Han Solo.

Seite 82: 25. Dezember
In den USA gibt es die Geschenke an Weihnachten erst am 25. Dezember.

Seite 89: College
Hochschule in den USA

Seite 116: Sozialarbeiterin, Sozialarbeiter
Personen, die im sozialen Bereich arbeiten, zum Beispiel in Jugendämtern oder Altenheimen.

Seite 123: Luke Skywalker
Ein Held aus den *Star-Wars*-Filmen. Zu Beginn verliebt Luke sich in Prinzessin Leia. Später erfährt er, dass sie seine Schwester ist.

Seite 131: Mobbing
Wenn eine Gruppe von Leuten immer wieder eine bestimmte Person ärgert oder quält.

Hilfe bei Problemen

Hast du Probleme und weißt nicht weiter?
Hast du niemanden, mit dem du darüber reden möchtest? Denkst du vielleicht sogar über Selbstmord nach?

Es gibt Angebote, die dir helfen können.

Bei der **Telefonseelsorge** gibt es rund um die Uhr jemanden, der dir zuhört.
Telefonnummer: 0800 111 0 111 oder 0800 111 0 222
Im Internet gibt es einen Live-Chat:
www.telefonseelsorge.de

Hilfe für Jugendliche und ihre Angehörigen bietet auch die **Nummer gegen Kummer**.
Telefonnummer: 116 111
Live-Chat im Internet:
www.nummergegenkummer.de

Hier kannst du auch Fragen zu deiner sexuellen Orientierung oder zu deiner sexuellen Identität stellen, wenn du dir zu diesem Thema unsicher bist oder Unterstützung brauchst.